HOW TO GET FROM WHERE YOU ARE TO WHERE YOU WANT TO BE

THE SUCCESS PRINCIPLES

成功準則

暢銷超過10年，遍布108國、40種語言，
改變數億人的經典之作

II

傑克・坎菲爾 JACK CANFIELD｜珍奈特・斯威策 JANET SWITZER——著
葉婉智｜閻蕙群｜易敬能——譯

凡例

本書英文版只有一冊，為了讓讀者攜帶與翻閱方便，繁體中文版獲得全球獨家授權，依主題分為三冊，並附贈珍藏書盒：

第一冊為原書第一章「成功的基礎」，指出成功的首要條件，就是先釐清自己要什麼、為自己負責，指引讀者找出人生方向，並提出必備要素，鼓勵大眾著手行動。

第二冊為原書第二章「自我轉型」與第三章「打造成功團隊」，旨在提醒讀者不要自我設限，並強調建立優良的團隊關係，讓這些助力成為成功的推進器。

第三冊為原書第四章「打造成功的人際關係」、第五章「成功與財富」和第六章「縱橫數位時代」，提出具體可行的運用方法與資源，藉此增加財富、營造個人品牌，更有效率的邁向成功。

目錄

第2章 自我轉型

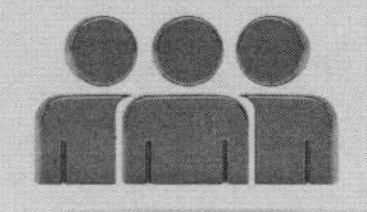

第3章 打造成功團隊

第 2 章

自我轉型

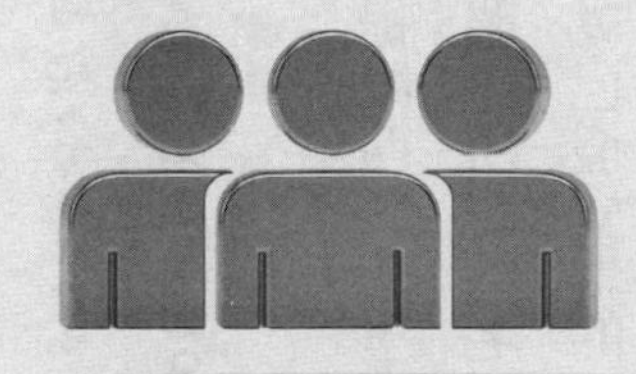

「藉由改變內在心態，人類就能扭轉生活的外在實相。此項發現正是我們這一代最偉大的革命。」

——威廉．詹姆士（William James），哈佛大學心理學家

25 脫離「唱衰」你的人

「你花最多時間的五個人，平均起來就是你自己！」

——吉米．羅恩（Jim Rohn），白手起家的百萬富翁及暢銷作家

暢銷書《一週工作4小時》作者提摩西．費里斯，在他十二歲時，一個身分不明的人打電話來，在答錄機留下了前述吉米．羅恩所說的名言，這句話改變了他的人生，在他的腦海揮之不去。當年提摩西只有十二歲，就已發覺他的同伴對他的未來沒有幫助，因此不想與他們為伍，所以他找父母討論，要求送他去念私立學校。他在聖保羅學校（St Paul's School）就讀四年，為他奠定基礎，之後出國去日本念了一年大學，研究柔道和禪宗冥想。他在普林斯頓大學就讀四年，在那裡，他成為全美摔角選手、全國踢拳道錦標賽冠軍，最後他在二十三歲那年，創立了自己的公司。提摩西很清楚每位父母都知道的事：**物以類聚，我們與什麼人來往，我們就會變成那樣的人。**

為什麼父母頻頻告誡子女，不希望他們與「某些孩子」來往（大人也是）？那是因為我們知道，與什麼人來往，就會變成什麼樣子。這也就是為什麼，花時間與你想要仿效的人相處，有多麼重要。如果你想要更成功，就必須與更成功的人相處。

有很多地方都可找到成功人士。可以加入專業協會；去上專業會議課程；加入商會、俱樂部、青年創業家組織；志願擔任領袖職務；參加民間團體，諸如國際同濟會（Kiwanis）、國際樂觀社（Optimist International）*、國際扶輪社（Rotary International）等。在教堂、廟宇或清真寺裡擔任志工，與其他領袖一起服務他人；參加講座、專題討論會、課程、座談會、臨床研究、露營、靜修中心，由那些已經實現成就的人教導你想達成的事。無論何時，只要你能做到，搭機時盡量坐頭等艙或商務艙。

物以類聚，同伴相互影響

「不計代價，也要與卓越傑出人士為伍。」

---

* 組織理念與服務旨在改善兒童生活、鼓勵青年發展。

——邁克爾・默多克（Michael Murdock），《耶穌的領導力祕訣》（*The Leadership Secrets of Jesus*）作者

約翰・亞薩拉夫是一個成功的創業家，達成了許多目標：在二十多歲時，環遊世界一年；創立一間特許加盟公司，房地產年收入高達三十億美元；協助打造虛擬導覽先鋒網站「Bamboo.com」（現在改稱「IPIX」）；團隊成員原本只有六人，一年後已經有一千五百人；每月淨利達數百萬美元；短短九個月後，公司在納斯達克證券交易所（NASDAQ）完成首次公開發行股票，大獲成功。

約翰小時候曾在街頭流浪，在毒品與幫派的世界裡打混。他設法在猶太社區中心健身房找到工作，他的人生因此改變了，因為物以類聚，同伴會相互影響。除了賺取時薪一・六五美元，他還獲准進入男士健康俱樂部。約翰說他第一次的商業啟蒙，居然是在男士三溫暖裡面學到，每晚下班後，從晚上九點十五分到十點，他就出現在熱氣騰騰的三溫暖室內，傾聽成功企業家說著他們興衰起落的故事。

許多成功人士都是移民，前來加拿大開疆闢土，他們經歷失敗挫折與成功興旺，約翰聽得心醉神迷。他們曾在事業、家庭、健康等犯的錯反而激勵了約翰，因為他自己的家庭正遭遇巨大挑戰和困境。然後約翰學到：遇到挑戰，是很正常的事。其他家庭也曾歷經類似危

機，卻依舊東山再起。

這些成功人士告訴約翰，絕對不要放棄自己的夢想。他們跟他說：「不論遇到怎樣的失敗，都可以另行他法、努力站起來、度過難關、繞道而行，但是絕對不要放棄。總會有辦法的。」約翰還從這些成功人士學到：不管你的出身背景、種族或膚色是什麼，也不管你是幾歲，家境富裕或貧困，這些全都沒有差別。三溫暖裡面的男士很多人的英文不是頂尖，有些人是單身，有人離婚了，也有人婚姻幸福；有人身體健康，也有人體弱多病；有人大學畢業，有些人甚至沒念過高中。生平第一次，約翰領悟到，成功絕不是家境富裕者才有的權利，也絕不是完全不帶挑戰，更不限人生勝利組。他終於了解，**不管人生條件如何，人人皆可創造成功生活**。眼前這些男士來自各行各業，皆已功成名就，與他免費分享他們的智慧和經驗。

每天晚上，約翰都在三溫暖裡參加私人的商業課程，你也有必要與成功人士為伍，交往具有正面態度的人，他們不會屈服困境，而是解決問題。這些人知道：不管自己決心去做什麼事，一切皆能實現。

「自信心充滿感染力。缺乏自信也是。」

——文斯・隆巴迪（Vince Lombardi），

美式足球綠灣包裝工隊（Green Bay Packers）主教練，領導隊員贏得兩次超級盃

遠離負面團體

「世上有兩種人：拋錨者和推動者。請放開拋錨者，跟隨推動者，因為推動者前往目標邁進，樂趣日益增加，拋錨者只會拖垮你的腳步。」

——懷蘭德（Wayland），舉世聞名的海景畫家

我曾擔任芝加哥一間高中的歷史老師，在第一年，我很快就不再踏入教師休息室，我戲稱那裡是「唱衰俱樂部」。室內充滿香菸味道，不過比菸霧更糟的是瀰漫負面情緒。「他們現在要我們怎麼做，你能相信嗎？」「我今年的數學科又多了一個頑皮的小子，有夠恐怖。」「這些孩子根本不成才，怎麼教都沒用，完全不受控制。」那裡總是一連串的負面批判、指責、怪罪、抱怨。

不久之後，我發現一群盡心盡力的老師，他們聚集在圖書館裡，而且在教師用餐室的

兩個桌子前，一起用餐。他們正面積極，面臨突如其來的問題，相信自己能夠克服，妥善處置。我嘗試他們與我分享的教學方法，也實行從週末到芝加哥大學上課學到的概念，因此我在學校教學第一年，學生就評選我為「年度優良教師」。

擺脫別人對自己的負面影響

「若有任何人是我不想與之為伍的人，我就不會跟他們來往。我覺得這樣才是萬幸，才可保持正面積極。跟我有來往的人都是快樂、精進、渴望學習的人，他們不介意說抱歉或謝謝，而且很有趣味。」

——約翰・亞薩拉夫

我請大家進行一項寶貴練習，這是我的導師W・克萊門特・史東叫我做過的練習。列出清單，寫出你定期花時間相處的每個人，像是家人、同事、鄰居、朋友、社團活動裡的人、同一個宗教團體的成員等。

完成這份清單後，再看一遍，在負面惡毒的人旁邊，加上一個「-」符號，在正面扶持的人旁邊，加上一個「+」符號。隨著你釐清每個人，你會漸漸有所領悟，或許你的職場充斥負面的人，又或者你朋友對你做的任何事總是唱反調。或是你的家人，不斷貶低你、打擊你的自尊和自信。

這是史東教我的事，我請大家也做一樣的事。對於名字旁邊有「-」符號的人，請停止花時間與他們往來。如果不可能辦到（切記，萬事皆有可能，端看你如何選擇），那就果斷縮減你與他們相處的時間。務必讓自己擺脫別人的負面影響。

你的生活裡，是否有人總是怨天尤人、怪罪別人？是否有人總是批判別人、浪費時間說負面閒話、一直說情況有多糟？也請停止花時間與這些人往來。

你的人生裡，是否有人光是跟他講電話就能讓你焦慮緊張，打亂你一整天的步調？是否有人專門偷走別人的夢想，說你不可能美夢成真，還試圖勸退你追逐目標？你是否有朋友企圖拉你向下沉淪，跟他們同流合汙？如果是，現在正是時候，去結交新朋友吧！

避開有毒的人

「有誰能夠提升你的水準？只須與這些人為伍就好。」

——歐普拉・溫弗蕾

除非你不再容許別人對你產生負面影響，否則請務必不惜任何代價，躲避有毒的人。有些人有受害者心態，對自己的標準十分平庸，他們會扯你後腿，你最好寧願自己獨處，也千萬別跟他們相處。

要努力察覺你身邊擁有正面積極、相互扶持、精進提升的人。這些人信任你，鼓勵你追尋夢想，為你的勝利喝采。身邊的人要能保持樂觀、是理想主義者，而且充滿願景。

與成功人士為伍

客戶聘請我，向他們的業務員傳授這些成功準則。其中一名委託人是某家大型光學製造商。在活動展開之前，我先與這些業務員聊聊。我對每個人提問，是否知道公司前五名業務員是誰？大多數人都說知道，也迅速念出他們的名字，那天晚上，我的聽眾有三百人，幾乎每個人都舉手了。我再度提問，他們是否曾經接近這五位的任何其中一位，並且要求對方分享成功祕訣，請再次舉手，居然沒人舉手。想想看！人人都知道公司最頂尖的人是誰，可是出於沒來由的遭拒恐懼，竟無人曾詢問這些業務員的祕訣。

如果你要成功，**請務必開始與成功人士為伍。必須要求對方與你分享成功之道，然後嘗試這些策略，看看是否適合你。**實驗他們所做之事，閱讀他們讀過的東西，按照他們的思維去思考，以此類推。如果新的思考和行為方式起了作用，那麼就採納這些方式；如果不管用，就棄而不用，然後繼續探尋和實驗。

26 把焦點放在自己的成功經驗

「我回顧人生，盡是美好時光；一切圓滿，我心滿意足。」

——摩西奶奶

多數人在自己的文化裡，較常記得自己的失敗，而非自己的成功。原因是，不管是在親子教養、授業解惑或管理經營等方面，我們的文化普遍流行一股「放任你去做，再狠狠管教」的做法。孩提時代，只要你乖乖玩耍、配合指示，父母就放任你獨自去做，然後在你太過吵鬧、惹人討厭或造成麻煩時，狠揍幾下。你成績優等，可能聽到幾聲敷衍的「做得很好」；但是如果你分數丙等、丁等或不幸被當掉了，可能會被大力數落。在學校裡，你答案寫錯，大多數老師會打一個大大的叉，而非在你答對的地方打勾或給一顆星星；在體育活動裡，一旦不小心失誤、漏球，就會被大聲咆哮。比起你功成名就的時刻，在你判斷失誤、出了差錯、遭逢失敗後，人們的反應和情緒總是更強烈。

大腦較容易記得那些伴隨強烈情緒的事件，因此多數人低估了自己曾有的成就，也鮮少賞識自己，反而較常記住自己遭遇過的失敗。若要改善這種現象，其中一項方式即是，**持續把焦點放在自己的成功經驗，並且經常慶祝**。

在我舉辦的企業研討會裡，我會請大家做一項練習。每個參與者都要分享過去一週以來曾有的一項成功，但很多人卻覺得很難，這令我十分訝異，大多數人不認為自己有任何成就。說出過去七天內有哪十種方法搞砸了，他們都能輕易說出口，可是要他們說出獲得哪十項勝利，對他們來講居然很難。

令人遺憾的是，我們其實成功次數比失敗次數還多，只不過我們對於成功的定義立下太高標準。

在加州我開發了一套「獲得機會和生活技能課程」（Gaining Opportunities and Life Skills, GOALS），幫助大家擺脫社福救濟，其中一位學員堅稱自己沒有任何成就。他的口音很特別，我打聽後，他說伊朗王在一九七九年被推翻*，於是他逃離伊朗，舉家搬遷至德國，在那裡學會德語，成為汽車修理工。最近他全家移民到美國，學會英文，現在也去上課，學習成為焊接工人，可是他卻自認毫無成就！團體裡的人問他怎樣才算成功？他回答：「擁有比佛利山莊豪宅，開著凱迪拉克。」在他的想法裡，任何低於這樣程度的事都不算成就。經過循序漸進輔導，他開始明瞭，每週自己都有許多成功經歷，像是準時上班、參加

GOALS 課程、學會說英語、賺錢養家活口、為女兒買第一輛自行車等，這些全都是成就。

越有自信，越能迎接挑戰

為何我要人認同自己過去的成就？原因非常重要，因為這對你的自信心影響甚巨。想像一下，你的自尊就像一堆樸克牌籌碼，我們在玩樸克牌遊戲，你有十張籌碼，而我有兩百張籌碼。在這場樸克牌遊戲裡，你認為誰的玩法會比較保守？當然是你。如果賭注一次是五張籌碼，賭輪兩次你就出局了，但是我可以輸四十次，所以我能承擔更多風險，因為我負擔得起損失。你的自尊等級也是以同樣方式運作，你自尊越高，就願意承擔更多風險。

研究一再顯示，**你越能認同自己過去的成就，你會變得更有自信，願意承擔新挑戰，並且成功實現**。你知道就算自己失敗了，也不會自暴自棄，因為你擁有自信。況且，你越是樂意冒險一試，越有可能贏得勝利；你打擊次數越多，就越有機會得分。

知道你過去已經有不少成功經驗，可讓你更有自信，將來也能有更多成就。所以我們來

---

*一九七八年，伊朗發起伊斯蘭革命，反對君主體制。

看看一些簡單卻強效的方式，來建構並維持高度的自信與自尊。

盤點你的重大成就

這裡有個簡單方法，開始盤點你的重大成就。也可考慮請配偶或家人來做這道練習，先把你的人生分成三大時期。比方說，假設你是四十五歲，你的三個時期就會是：從出生到十五歲、十六歲到三十歲、三十一歲到四十五歲。然後列出你每個時期曾有的三項成就。為了幫助你開始著手，我以自己為例：

第一期：從出生到二十三歲

1. 獲選為童子軍偵察班長。
2. 美式足球比賽中，抓住達陣傳球，成功致勝，贏得城市錦標賽冠軍。
3. 從哈佛大學畢業。

第二期：二十四歲到四十七歲

1. 從美國馬薩諸塞州大學（University of Massachusetts）取得教育碩士學位。
2. 我的第一本書出版了。
3. 創設「個人與組織的發展」新英格蘭中心。

第三期：四十七歲到七十歲

1. 創辦「坎菲爾訓練團體」（The Canfield Training Group）。
2. 《心靈雞湯》名列《紐約時報》暢銷書排行榜第一名。
3. 在全美五十州展開專業演說，完成這項目標。

列出一百項成就

為了說服自己是個成功的人，了解自己能夠持續達成成就，這道練習接下來的步驟是要列出清單，寫出你人生已經擁有的一百項成就。

就我經驗來看，一開始提出大約三十件成就，大多數人都沒什麼問題，可是接下來就有點困難。若要提出一百項成就，你必須列出細項，例如：學會騎腳踏車、在教堂獨唱、第一次暑期打工、在小聯盟初次擊出安打、創立啦啦隊、考到駕照、為校刊寫文章、在歷史課拿到優等成績、通過基本訓練、學會衝浪、在農產品交易會贏得獎項、改造你的第一輛車、結婚、生下第一個小孩、為小孩的學校主持募款活動等。現在看來，你可能覺得這些事理所當然，不過這些全都有必要視為人生成就。如果你很年輕，可能甚至要寫得更細，像是「一年級及格、二年級及格、三年級及格」，不過這沒關係。目的就只是要列出一百項成就而已。

製作「勝利日誌」

要增加樸克牌籌碼的厚度，可以持續記錄你的日常成就，這也是另一種強而有力的方式。方法很簡單，在活頁簿寫下清單、在電腦列出清單，或是在皮面裝幀的日誌詳盡記錄。每天回想並寫下你的成就，把這些成就正式載入長期記憶，提升你的自尊，建構你的自信。往後的日子裡，如果你需要提振自信心，你可重讀自己曾經寫下的東西。

創立Levi's品牌的服飾公司李維・史特勞斯公司（Levi Strauss & Co），前任副總裁彼得・蒂格彭（Peter Thigpen）在桌上放著這樣一本勝利日誌，每次只要他成功了，他就會寫下來。每當他要去做一件具挑戰的事，例如：協商一份數百萬美元的銀行貸款、向董事會成員發表演說，他就會閱讀自己的勝利日誌，加強他的自信。他的勝利日誌包括：我開拓了中國市場、我請青春期的兒子打掃自己房間、我讓董事會批准新的擴張計畫。

每當大多數人即將著手某些令人恐懼的事，他們總是容易把焦點放在以前的失敗經歷，貶低自己的信心，餵養自己的恐懼，害怕自己再度失敗。持續寫自己的勝利日誌，隨時翻閱，反而可以保持聚焦於自己的成就。

盡快開始展開自己的勝利日誌。如果你願意，也可用相片、證書、備忘錄和其他成就提示，點綴在一本剪貼簿裡面（見第三冊附錄①）。

假如你很多成就都是出現在網路上，比方說，如果你是運動員、藝術家、作家或企業家，出現在網路新聞、相片藝廊、節目訪談或書籍評論裡，你可以使用「Pinterest」這項網路工具*，製作一本數位剪貼簿。「Pinterest」讓你蒐集連結或「書籤」，標示相片、引言，以及各網站的書寫內容。

---

*可以讓使用者按主題管理圖片並與好友分享。

僅須到官方網站建立帳號，找出網路上談論你、描述你或捕捉你勝利的事，像是新聞報導、部落格貼文、網站頁面或相片等，然後把它們「用大頭針釘住」。在你的 Pinterest 版面上，蒐集並組織這些收藏，一切全由你創造和控管。如果你喜歡，也可與親友分享你的勝利日誌，或是與其他想追蹤你版面的 Pinterest 用戶一起分享。如果你經營某項事業，也想利用你的某些「勝利」當作推銷或公關用途，僅須分享你的 Pinterest 版面，或是蒐集成就且分門別類，分享這些成就選集。

找一個地方展現你的成就

研究發現，你在環境看到的一切事物，對你的心情、態度和行為都會產生心理影響。不過還有一個更重要的事：**對於當下的環境，你有絕對的掌控權**。你能選擇在臥室或辦公室牆上掛哪一幅畫；在冰箱或儲物櫃門黏貼哪些值得紀念的事物；在書桌或辦公隔間內，擺放哪些紀念品。

在你身邊擺放獎項、圖片和其他物品，提醒你自己的成就，有助於建構你的自信，激勵你將來獲得更大成就。這些東西可能包括你從軍時期的勳章、觸地得分獲勝時刻的相片、站在中國萬里長城的相片、結婚相片、獎盃、當地報社刊登你詩集的裱框版本、一封感謝信、大學文憑或是鷹級童軍徽章或女童軍金獎等。

空出一個特別地方，一個特殊書架、櫥櫃上方、冰箱門，或是你每天經過的走廊「勝利牆」，在上面布滿你的成就象徵。整理塵封的抽屜、壁櫥裡的盒子、你的檔案等，然後把裡面的成功象徵加以裱框、製成薄板、擦亮，如此一來，你就能每天看到這些東西。這對你的潛意識產生強力作用，在隱約中給你下達程式指令，把你自己視為贏家、生活不斷成功的人！這個訊息也會傳達給其他人。對你來說，也會為你和其他人建立自信。

你的小孩也可以榮耀展現自己的成功象徵，例如：論文報告、受獎勳章、美勞作品、穿著棒球隊制服或是拉小提琴的相片、自得其樂的相片、獎盃、獎牌、其他獎項等。如果你的子女還住在家裡，把他們最棒的藝術作品裱框起來，掛在廚房牆上、他們房間裡、屋內的走道上。他們看到這些東西裱框掛在牆上，即可大力提振他們的自尊心。

鏡子練習，大聲感謝自己

「你是活生生的磁鐵。你會吸引你朝思暮想之物，來到你的人生裡。」

——博恩・崔西

正如你認同自己的大型成就，你也必須認同日常的小成就。「鏡子練習」就是根據「我們全都需要認同」而來，但是最重要的認同則是你給自己的認可。

你的「內在小孩」（inner child）＊定居在你的潛意識裡，「鏡子練習」給它所需的正面一擊，以便追尋更高的成就，協助轉化那些妨礙讚美和成就的負面信念，也使自己處於一種頗富成就感的心境。請做這項練習至少三個月。然後，你可以決定是否要繼續下去。我認識不少成功人士，他們多年來每晚實施這項練習。

只須在就寢前，站在鏡子前面，感激自己完成一整天的事項。一開始先花幾秒鐘，直接看著鏡中人的雙眼，鏡子裡的影像也正回看著你。然後說出自己的名字，開始大聲感恩自己，說出下列事情：

- 任何成就：事業、財務、教育、私人、身體、精神或情緒等方面。
- 你已堅持的個人紀律：飲食、健身、閱讀、冥想、祈禱等。
- 你沒有屈服的任何誘惑：吃點心、說謊、過度看電視、賴床、喝太多酒等。

在整個練習裡，都要與自己保持眼神接觸。完成感恩自己後，接著深深看著自己雙眼，然後說「我愛你」，才算完成這道練習。再繼續站在原地幾秒鐘，真正感受這項體驗帶來的衝擊，彷彿你就是鏡子裡面的人，剛剛已經聽完所有感恩話語。在最後這一部分，不要覺得尷尬或認為自己又呆又蠢，逕自轉身不看鏡子。

我以自己為例：

傑克，我要感恩你今天做了以下事情：首先我要感謝你，昨晚準時睡覺，沒有熬夜看電視，所以一早起來，你神清氣爽，並且與茵嘉（Inga）相談甚歡。然後你靜坐冥想二十分鐘，健身三十分鐘，再去沖澡。你吃了有益健康的低脂早餐，你準時開始工作，與你的支援團隊召開非常有效的員工會議。你協助大家傾聽每個人的感受和想法，你做得很好。你引導沉默的人暢所欲言，實在很棒。

再來，你的午餐也相當健康。你吃了沙拉，喝了一碗湯，你沒有吃端上桌的甜點，你承諾每天要喝十杯水，你也做到了。然後你編輯完新的《輔導員訓練》（*Train the Trainer*）手冊。你排定夏季管理訓練課程時間表，這是相當好的開始。在結束工作之

---

* 指當我們還是小孩時，與照顧者互動產生的自我認知和情緒反應。

前，你填完了自己的「勝利日誌」。對了，你還感謝維隆尼卡（Veronica）解決差旅時程問題。看她剛才滿臉笑意，真是很棒。

你回到家後打電話給歐倫（Oran），用Skype跟你的孫子講話，這真是非常特別。現在，你又要在適當時間就寢了，也不會整晚熬夜閒晃網路。你今天實在太棒了。

還有一件事：傑克，我愛你！

起初做這道練習時，會出現一些反應，沒什麼大不了。你可能覺得很蠢、尷尬、想哭（或真的哭了出來），整體來說就是不自在。有人甚至情緒大爆發，覺得全身發熱冒汗或感覺心情輕鬆愉快。這些時有耳聞，都是很自然的反應，因為這不是平常會去做的事情。我們沒有受過訓練來賞識自己，事實上，我們大多受訓做出相反的事：告誡自己別自吹自擂、別自我膨脹、別妄尊自大。當你開始表現得更正面積極，懂得自我扶持，隨著你釋放父母帶給你的舊有負面傷害、不切實際的期許和自我批判，身體和情感方面自然就會出現這類反應。如果你體驗到任何感受（但可能不是每個人都有），千萬別讓這些事阻止你。它們只是暫時的，在進行這項練習幾天後就會消失無蹤。

我一開始進行這項練習，短短四十天後，我注意到，我所有的負面內在自我對話已經完全消失，現在擠滿了鏡子練習的日常正面焦點。我以前習慣指責自己做錯事，比如說，汽車鑰匙放錯地方或找不到眼鏡等。那些批評的聲音就這樣消失了。同樣的事也會發生在你身上，但前提是你要花時間實際去做這項練習。

切記一件事，如果你躺在床上才發現自己還沒做這道鏡子練習，請馬上起身去做。看著鏡中的自己，是這道練習的關鍵。還有最後一個忠告：務必預先通知你的配偶、子女、室友或父母，接下來三個月或更久，你每晚都會進行這項練習。你不希望他們中途走進來，認為你腦袋不正常。事實上，你正在強力重新訓練自己的心智，把焦點放在正面事務上，同時建構你的樸克牌籌碼厚度。

獎賞你的內在小孩

我們所有人的內在有三種自我狀態，全都明顯不同又各自獨立，和諧一致建構出我們獨一無二的個性。我們有成人般的自我、父母般的自我和孩童般的自我，行為模式正如真實生活裡的父母、成人和孩子。

你的成人自我是理性面。它蒐集資訊，做出合乎邏輯的決定，不帶情緒。它為你規劃時間表、達到收支平衡、計算你的稅率、釐清何時要替換輪胎。

你的父母自我告訴你綁好鞋帶、刷牙、吃蔬菜、做功課、運動、趕上截止日期、完成你的專案。它具有兩面，負面的這一方會浮現為內在批評，每當你沒達到該有的標準，就會批判你；正面的這一方會以自我扶持的型態出現，確認你受到保護、照顧、生活不虞匱乏，同時也會證實、欣賞、認可你已經做得很好。

你的孩童自我會做盡所有孩子會做的事，大吵大鬧、乞求注意、渴望討抱，如果需求沒被滿足，就會行為失控，彷彿有個三歲小孩緊抓住我們，隨著各人生階段不斷問著：「我們為什麼要坐在這個桌子前面？為何不多找點樂子？我半夜三點怎麼還沒睡？我為什麼要讀這份無聊報告？」

身為這個「內在小孩」的父母，你其中一項最重要的任務就是要應付內在小孩，只要它守規矩讓你做完該做的事，也須獎賞他。

如果你在真實生活有一個三歲小孩，你可能說：「接下來二十分鐘，媽咪必須完成這份提案。不過等到媽咪完成後，我們可以去吃冰淇淋或打電動。」你真實生活裡的三歲小孩可能回答：「好，我會乖乖的，因為我知道事情結束後，就能得到好東西。」

你的內在小孩也沒什麼不同，這點沒什麼好驚訝。當你要求內在小孩不要亂動、讓你完成工作、熬夜趕工等，只要知道守規矩之後就會有獎賞，它會很乖。在某些時刻，他有必要知道自己將可讀一本小說、去看電影、與朋友玩耍、聽音樂、跳舞、隨心所欲、外出用餐、獲得新玩具或是去度假。

若要創造出更多人生成就，在你成功時，請獎賞自己。事實上，為你的成就獎賞自己，可讓你的內在小孩保持快樂，下次你又得辛苦工作時，它就會乖乖守規矩，不再抱怨。它知道你值得信任，最後你會實現承諾，如果沒有，它就會像真實小孩一樣，做一些事破壞你的努力，像是生病、出意外、犯錯妨礙升遷或丟了工作等，如此一來，你就被迫要花時間休息。這樣只會讓你更加遠離你想創造的成功。

懂得慶祝自己的成功

慶祝成功的另一個原因是，只有在獲得認可後，你才會覺得被重視，你會有種成就感和認同感。如果你花好幾週時間製作報告，而你的主管卻不認同它，你會覺得被打擊；如果你送人禮物，但是對方不領情，到頭來你會有種失落感。就是這種小小的失落感占據你的心靈。你的心智必須獲得同感，才可釋放空間，更聚焦於你的目標。

當然，比起僅是達到完整狀態，更重要的是，獎賞認同我們自己的成就，這項舉動簡單愉悅，促使自己的潛意識說：「成功真的很酷。每當我們造就成功，就得找樂事來做。傑克會買好東西給我們，或是帶我們去好地方。我們一起來獲得更多成就吧！這樣傑克就會給我們更多獎賞。」

獎賞自己贏得勝利，能加強你潛意識的渴望，更想為自己勤奮工作，這是人之常情。

27 睡前重要的四十五分鐘

「負面消極、心灰意冷，其實不難，但是要耗費努力，才可回復正面積極，有動機再前進。持續嚴厲的批評像錄音帶不停播放，雖然無法按下關閉鍵，但你能夠將音量調小，並且轉移焦點，從負面轉向正面。」

——唐娜．卡迪羅（Donna Cardillo R.N），創業家、幽默作家、激勵大師

不管身邊發生什麼事，成功人士聚焦在正面積極的人生。他們專注於自己過去的成功經驗，而非過去的失敗，在接下來的行動，也會讓自己更加接近目標，而不是被眼前的事物分散注意力。他們持續先發制人，追尋自己的目標。

一天結束前的兩大練習

關於聚焦的方法，請務必在一天尾聲撥出時間，例如在睡前，認可你的成就、審視你的目標、聚焦於你的成功未來，並且具體規劃隔天想要實現的事。

為何建議在一天尾聲進行？因為在一天結束前的四十五分鐘內，不論你讀了什麼、聽了什麼、談了什麼、體驗了什麼，都會對你的睡眠和隔天產生重大影響。**在夜裡，你的潛意識重複播放前晚輸入的內容，不斷加工處理，高達六次循環，效果遠勝隔天經歷的任何事**。這就是為什麼，熬夜用功應付隔天學校考試，可以產生效果；睡前看恐怖電影，會讓人作惡夢；這也是為什麼，睡前聽到好故事，對小孩來說也很重要，不但可以讓他們進入夢鄉，還可使他們重複吸收故事裡的訊息、教誨、道德觀，深植孩子的潛意識。

隨著你漸漸睡著，你進入α腦波的意識狀態，在這種狀態裡，你很容易受到暗示。如果你看了最新的新聞才進入夢鄉，這些事就會刻印在你的意識裡，例如：戰爭、犯罪、車禍、強暴、搶劫、謀殺、幫派鬥毆、開車掃射、綁架、企業醜聞。

與其如此，倒不如閱讀鼓舞人心的傳記或勵志書籍，效果會好很多。在你正要就寢之時，可以運用冥想的力量，聆聽自我激勵的影音節目，或是花時間規劃隔天事宜。順道一提，最近研究顯示，在臥室擺放電視的人，比沒有放電視的人少了一半的性生活次數。

以下有兩項練習，讓你在一天即將結束時，能夠保持正面聚焦，往前邁進。

夜間檢討

這是一道強效練習，幫助你更快載入新的正面行為（例如：準時）、習慣（例如：更懂得傾聽）或特質（例如：耐心或正念）。你會很訝異，這項技巧居然這麼快就能產生改變。

坐下來，閉上雙眼，深呼吸，給自己下列其中一項指示：

- 我今天哪裡原本可以更有效率？
- 我今天哪裡原本可以更有覺察？
- 我今天哪裡原本可以更好（填入你的職業，像是經理、老師、教練、業務員等）？
- 我今天哪裡原本可以更有愛心？
- 我今天哪裡原本可以更堅定主張？
- 我今天哪裡原本可以更＿＿＿＿（填入任何特質）？

你平靜坐著，處於安穩的狀態，將今日發生的事件逐一浮現腦海。只須靜觀這些事，不帶任何評判或自我批評。在腦袋裡逐一檢視每項事件，想著「要是我當時更加覺察並且刻意而為，我會偏好如何去做這件事？」重新播放一次畫面，如此可以創造潛意識影像，下一次發生類似情況時，有助於喚起內心渴望的行為。

創造你的「理想日」

還有另一項強效工具，使你專注創造自己想要的人生，那就是在你已經規劃隔天的時程表後，花幾分鐘時間，視覺化你希望度過的一整天。心裡想像：在你要求前，團隊成員就已各就各位；每次會議都準時開始也準時結束；你全部的首要之務都已處置完成；你所有的待辦事項都已輕鬆完成；每項銷售都能成交。請預先觀照自己，在隔天遇到每種狀況時，你都有最佳表現。如此一來，你的潛意識將會整晚運作，創造方法讓所有事情發生，一切正如你所視覺化的那樣。

我們現在也知道，你所思所想的每個念頭都會播送給宇宙。我的成功學教練好友羅伯特·薛弗德（Robert Scheinfeld）稱之為「內心網路」（innernet）。每當你視覺化你的理想日子，你也是在透過物理學家所謂的「量子場論」，散發自己的意圖給其他人。

現在就開始養成習慣，在前一晚視覺化你理想中的隔天。你的人生從此大不同。

28 處理尚未圓滿的事

「如果凌亂桌面代表心智混亂，那麼乾淨桌面有多麼重要？」

——勞倫斯．彼得（Laurence J.Peter），美國教育家及作家

圖表2-1稱為「圓滿循環」（the cycle of completion），包括決定、規劃、開始、持續、結束、圓滿，皆是達成任何成就、欲求結果、完成事項的所需步驟。儘管如此，我們有多少人從未真正圓滿？我們一路走過結束階段，卻獨留最後一件事尚未完成。

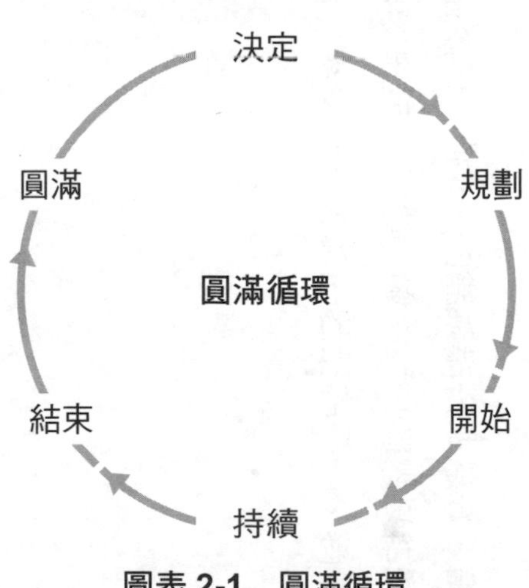

圖表 2-1　圓滿循環

在你人生裡，是否有某些方面未盡圓滿，或是無法與人好好道別？如果過去尚未圓滿，你就無法充分擁抱當下。

未竟之事會剝奪了你的注意力

當你展開某項專案、締結某項協議或進行某項改變，就會進入你當下的記憶庫裡，並且占用你的注意力。我們注意力有限，一次只能處理這麼多事情，而每一項承諾、協議或待辦項目，都會使注意力所剩無幾，以致於無法專心致力完成當下任務，也無法帶來新機會，豐富你的人生。

所以，為何人們無法圓滿？通常，尚未圓滿的事情代表有待釐清，或者情緒和心理上仍有堵塞。

比方說，你桌上可能有許多請示、專案、任務等，你很想拒絕，可是又怕被視為壞人，於是你拖延回應，以避免說「不」，同時，成堆的便利貼和文件堆放桌面，讓你分心；還可能有些情勢使你必須做出艱難決定，所以與其陷入不適感，你堆積這種未完工的感覺。

有些事情未完工，僅是因為沒有充足知識或專門技能來處理，有些不圓滿積累已久，則是歸咎於我們不良的工作習慣。

完成一件事，勝過無數件半途而廢

持續捫心自問：「要實際完成這項任務，需要做些什麼？」然後，你就會開始有意識的採取接下來的步驟：歸檔已經完成的文件、以制式表格郵寄信件，或是向主管匯報那項專案已經完成。事實上，**圓滿解決二十件事，效力遠超過五十件完成一半的事**。比方說，一本已經完成的書，可以出版上市，影響全世界，遠勝你正在撰寫中的十三本書；與其展開十五項半途而廢的專案，而且還占用家裡不少空間，倒不如一開始只進行三項，圓滿完成它們。

四大行動處理待辦事項

時間管理很常見的處理待辦事項方法，其中一項就是「四大行動」：行動、委派、延後、扔下。你拿起一張紙，決定是否對它做任何事，如果沒有，把紙丟掉。如果在十分鐘內，你就能處理，那麼立刻去做；如果你想自行處理，可是知道需要花較長時間，那麼就把它歸檔到「稍後待辦事項」資料夾，暫時延後處理。如果你無法親自去做，或是不想花時間進行，授權委派你信任的人來完成任務。要確認此人完成任務時，有向你匯報結果，這樣你才知道事情圓滿達成。

為新事物挪出空間

除了職場上沒完成的工作，大多數家庭也經常抱怨東西雜亂不堪、太多報紙、破損衣物、沒用過的玩具、淡忘的私人物品，還有過時、殘破、沒必要的物品。在美國，迷你倉庫產業興起，幫助屋主和小企業存放不再適合的物品。

但是我們真的需要這些東西嗎？當然不是。要保有注意力，其中一項方式即是讓心智不再受到凌亂物品的干擾，解放你的居家和工作環境。清出老舊物品，為新事物創造空間。

例如，請檢視你的衣櫥，如果你拿出一件衣物後，就再也擠不進去其他東西，或是你必須奮力才可拉出一件洋裝或襯衫，或許這就是為什麼你沒有再買更多新衣服，因為你沒地方放新衣服。如果某件衣服已經六個月沒穿過，而且不是當季流行款式或特殊場合服飾，像是晚禮服或燕尾服等，那就丟掉它吧！

如果你想要任何新的物品，你必須挪出空間來放，不論是心理上或現實上都是如此。如果你在生活裡想要新對象，你必須放下（遺忘並原諒）那個五年前就不再見面的前任。因為假如你不這樣做，若有新對象遇見你，對方會收到無形訊息：「這個人還掛念別人，還沒放下。」

在我某場研討會裡，一個女人承認，多年以來，她一直把成堆的書籍和雜誌放在床上，聚積了太多東西，她只剩下一半空間可睡。她還提到，從某段戀情分手後，她一直痛不欲生。我馬上明白，她床位有大半部堆滿書本，正好反映她的潛意識，沒有空間讓男人對她產生愛意。

她不但無法圓滿過去的事，她本身也有一部分畏懼再受傷害，覺得自己肯定會重蹈覆轍、創造出不想要的未來，而這樣的未來根本不存在！我幫助她看清自我強化的障礙，她透過「輕敲穴位情緒舒解療法」，釋放她對受傷的恐懼，清理她床上混亂物品，她的房間再度看起來舒適宜人，等著迎接某人。不到幾個月，她遇到很棒的男人，成為他的終生摯愛*。

* 順道一提，如果你期待吸引一段健康充實的關係到你人生裡，務必圓滿你過去的關係，在心理面與能量面皆是如此。艾莉兒．福特著有《愛情的吸引力法則》，此書是絕佳資源，內含許多有關「放手」和「圓滿過去關係」的練習。

我的好友馬丁・路特（Martin Rutte）曾經告訴我，每當他想藉新事業獲利，他會把辦公室、居家、汽車和車庫全都清理一遍，每次他這樣做，他就開始接到電話和信件，發話人或寄件人都想找他一起共事。其他人也發現，進行一次春季大掃除，有助於再次釐清問題、挑戰、機會和人際關係。

假如我們不丟棄凌亂及不再使用的東西，就彷彿我們不再相信自己能力，無法豐富人生，也無力購買新的所需物品。然而，這樣的不圓滿會帶來匱乏。我們必須圓滿解決過往之事，當下才有空間充實展現自我。

每三個月進行「圓滿週末」

在你能夠往前進，並且為你的人生帶來新的活動、富足、人際關係和興奮感之前，你必須完成、丟棄或委派多少事？使用以下的檢核清單，慢慢鍛鍊你的思維、列舉清單，然後寫下你要怎樣完成每項任務。

一旦列出清單，從中選擇四項，開始完成它們。選擇會立即為你釋放最多時間、精力或空間的項目。不論是心理空間或身體空間，皆是如此。

我鼓勵大家，至少每三個月，清理一件重大的未竟之事。可以排定一份「圓滿週末」時間表，然後整整兩天全心投入，盡可能處理下列清單事項：

1. 有待圓滿解決的事業活動。
2. 沒有遵守、認可或重新協商的承諾。
3. 尚未清償的債務或財務（欠別人的錢或別人欠你的錢）。
4. 清理爆滿的衣櫃。
5. 堆滿廢棄物品的車庫。
6. 隨意亂扔或雜亂無章的稅單。
7. 沒有對帳的支票簿或該結清的帳戶。
8. 充滿無用物品的抽屜。
9. 損壞的工具。
10. 充滿無用物品的閣樓。
11. 充滿垃圾的後車廂或籃子。
12. 尚未完成的汽車保養。
13. 布滿廢棄物品的地下室。

14. 塞滿未歸檔或延滯專案的櫥櫃。
15. 未完成的留置歸檔。
16. 尚未備份的電腦檔案，或是需要轉檔儲存的資料。
17. 凌亂或失序的書桌。
18. 未放進相簿的家庭照。
19. 須縫補、熨燙的衣服，或有待修理或丟棄的成堆物品。
20. 延滯的家務。
21. 沒有說出請求、憤恨或感激的人際關係。
22. 你必須原諒的人。
23. 沒有多花時間陪伴本該相處的人。
24. 未完成的專案，或尚未收到意見回饋的專案。
25. 需要給予或要求的認可。

沒處理好的小事，也會讓你消沉

如同未竟之事，日常惱人事務同樣也會損害你的成功，因為它們也會占據你的注意力。或許是遺失的鈕扣，讓你忘了最愛的套裝，不再穿它參加重要會議；通往花園或陽台的門簾已經磨損，讓惱人的昆蟲跑進來。沿著你的成功之路，最棒的事就是進一步快速行動，去修理、替換、縫補或擺脫那些日常惱人事物，別再心煩意亂或記在心裡。

《帶領自己走向成功》（*Coach Yourself to Success*）作者塔蘭．米達納（Talane Miedaner），建議走一遍你房子的每個房間、車庫和周圍環境。大略記下惱人又困擾你的事物，然後安排一下，妥善處置每樣東西。當然，對你來說，這些東西可能全都不急，也不會對你家庭造成生命威脅。但是你每次注意到它們時，它們就會拖走你的能量。在你人生裡，這些東西無形中減弱了你的能量，而不是增添你的生活能量。它們使你覺得「消沉」，而非「鼓舞士氣」。**沒有好好處置這些未竟之事，縱容這些東西惹惱你，會造成另一種負面心理衝擊，在你身上創造出一種自暴自棄狀態，影響你對自己能力的信念，無法達成更加遠大的目標。**在潛意識裡，你的心智會想：「想找釘書機卻找不到，歸檔系統功能失常，我怎麼有辦法認為自己能開創公司或成為百萬富翁？」

花錢聘請整理師

「國際專業整理師協會」（National Association of Professional Organizers, NAPO）*的使命就是要幫助人們整理人生，建構系統，確保物歸原位。你可能需要一位旁觀者，處於你無法位居的中立點，找出你依附物品、放肆言行和恐懼的來源。另外，NAPO會員都是專家，知道如何讓事情有效率又簡便。

只須花費幾次商業午餐的錢，你可以聘請當地的整理師，為你工作一天。此外，你也可以雇人打掃房子，並且處理全部的惱人事物、保養維護雜事，以及你不想做的苦差事，或是你不太擅長去做的事。

如果你的財力不足以聘請專業整理師，可以請朋友代勞、雇用工讀生等。市面上優良實用書籍很多，你也可以選一本來讀，親手處理。僅須記得，你不必一次全部做完，每月選擇一件即可。清理未竟之事，對你的未來成就很重要，因此沒有任何藉口忍受你的失序人生。

29 放下過去，擁抱未來

「無人能夠改變昨天，但人人皆可改變明天。」

——柯林．鮑威爾（Colin Powell），美國前國務卿

有些人的生活彷彿有個大錨在背後拖著他們走，沉重到無法使力前進，如果他們能夠釋放沉重的錨，就能加速前進，更容易成功。或許這就是你，放不下過去的傷痛、過去未完成的遺憾、過去的憤怒或恐懼，為了圓滿過往，欣然擁抱未來，你必須釋放這些沉重大錨。

我認識不少人，僅在幾個月裡，他們就能原諒父母、收入雙倍成長、生產力也加倍翻漲。我還認識其他人，他們原諒過去引發傷痛的人，身體病痛也因此消滅。

真相是，我們必須放下過去，欣然擁抱未來。我使用的方法稱為「全然真心話」。

＊台灣亦有整理師協會，舉辦講座與認證考試。

「全然真心話」與「實話信」

「全然真心話」與「實話信」是兩種工具，幫助你釋放來自過去的負面情緒，回到當下愛與喜悅的狀態*。

我稱為「全然真心話」，原因是通常我們在心煩意亂時，我們無法傳達「全部」的真正感受給惱火對象。我們困在憤怒與痛苦中，鮮少將之轉換為情緒圓滿。因此，在這樣的憤怒或痛苦後，我們很難與對方更親近，甚至更難輕鬆相處。

「全然真心話」幫助你表達全部的真實感受，如此就能再現你天生具有的關愛、親密感和合作。這項大冒險不是要讓你向另一個人傾倒或釋放負面情緒，而是容許你透透負面情緒釋懷，如此一來，你就能回到「愛與接納」的狀態，而這正是你天生具有的，並讓愉悅與創造力從中流動。

全然真心話的六階段

可用口述或書寫來執行「全然真心話」。不論選擇哪種方法，目標是要表達憤怒、傷痛和恐懼，然後轉往理解、原諒與愛。

如果是口述進行（務必取得另一人的許可），一開始先表達你的憤怒，然後歷經每個階段，一路通往愛、憐憫和原諒。可以使用下列提詞，在每個階段保持專注。為使過程有效，每階段務必花費同等時間。

1. **憤怒與怨恨**

我對某事很憤怒……

我對某事很厭倦……

我痛恨那時……

我憎惡某事……

2. **傷痛**

那時候我被某事傷害了……

我對某事覺得受傷……

那時候我覺得傷心……

---

* 我要感謝約翰．葛瑞和美國作家芭芭拉．德．安吉里思（Barbara De Angelis），他們最先教我這項方法。

我對某事覺得失望……

3. **恐懼**

我以前害怕會……

那時候你讓我很害怕……

那時候我覺得驚恐……

我很害怕會……

4. **懊悔、惋惜、問責**

我很遺憾是那樣……

我對那件事很遺憾……

請原諒我做了……

我不是有意去做……

5. **想要**

我一直想要……

我想要……
我想要你去做……
我理應去做……

6. **愛、憐憫、原諒、賞識**

我理解那是……
我原諒你做了……
我賞識……
感謝你做了……
我愛你做了……

如果口述讓你覺得不自在或對方無法參與，你可寫出感受，利用「實話信」表達你的真實感覺。

實話信的三步驟

寫下「實話信」時，請遵守下列步驟：

1. 有人惹惱你，請寫一封信給對方，信裡大致上的內容與「全然真心話」相同，清楚表達每種感受。
2. 如果對方不太可能配合這項過程，一旦寫完這封信，你大可選擇把信丟掉。切記，這裡的主要目的是要「讓自己免除那些沒有明說的情緒」，沒必要用來改變對方。
3. 如果惹惱你的人願意參與，請對方也寫一封「實話信」給你，然後彼此交換信函。朗讀這些信函時，雙方都要在場，然後討論這項經驗，且要避免捍衛自身立場。朗讀對方的信，要努力理解這個人的想法源頭。

經過幾次練習，你可能發現自己有辦法經歷前文的六大階段，既迅速又較不拘謹。在遇到巨大困難時，你仍會想用這六大階段當作指引。

原諒，才不會浪費精力

「只要你不原諒，那個人與那件事就會無償霸占你腦袋空間。」

——伊莎貝爾．霍蘭德（Isabelle Holland），得獎作家，有二十八本著作

在成功學相關書籍裡，雖然看起來通常很少提到原諒，但事實卻是，憤怒、悔恨與報復欲會浪費寶貴精力，而這些原本可以更有效用於正面積極的目標導向行動。提到吸引力法則，我們已經討論過，不論你對目前體驗的事有什麼感覺，你都會吸引更多類似感覺。對過去的傷痛覺得很負面、憤怒、不可原諒，只會讓你持續吸引更多同樣事情到你的人生裡。

深陷過去的創傷無法活在當下

在工作、家庭和人際關係中，我們都需要用愛與原諒，學會放下，才能繼續向前。某個事業夥伴欺騙你，造成你的財物損害，你必須原諒對方；同事竊占了你的工作功勞或是在你

背後說壞話，你必須原諒對方；前任配偶出軌，即使離婚期間讓你難堪，也請原諒對方。**你不須縱容他們的行為，甚至也不必再度信任對方。不過，請務必汲取從中所學的教訓，原諒對方，然後繼續向前。**

一旦學會原諒，就會把你拉回當下現實。好事即將來臨，而你能夠採取行動，為你自己、團隊、公司和家庭再度創造未來收益。一直深陷過去，會用掉寶貴精力，掠奪你所需的力量，無法加速衝刺，創造出你想要的東西。

原諒是為自己放下

要做到原諒與放下，我知道這有多麼困難。我曾經被陌生人綁架襲擊，被酗酒父親家暴毆打，曾是「反向歧視」（Reverse Racism）*下的受害者，曾被員工盜用巨額公款，曾因微不足道的事件而被告，被人利用當作人頭。

不過在每次經驗後，我好好妥善處理，原諒對方。因為我知道，如果我不這樣做，過去那些傷害會逐漸侵蝕我，阻止我把注意力聚焦當下，無法創造我想要的未來。

有了每次經驗，我也學會不再重蹈覆轍。我學會如何更佳遵循我的直覺，更懂得保護自己、家人與辛苦賺來的資產。每一次我對這項經驗終於感到釋懷，我覺得更光明、自由、堅強，有更多能量專注在當前首要之務。不再有任何負面的自我對話、不再有極為不滿的相互指責。

> 「憤恨不滿，就像喝下毒藥自殺，卻希望這樣能殺死敵人。」
>
> ——尼爾森．曼德拉（Nelson Mandela），諾貝爾和平獎得主

不管何事傷害你，都只是感覺而已。要知道，我也曾經歷諸多感受，不過也要明白，心懷憤恨不滿，堆積嫌隙積怨，反覆重演相同的憎恨，才會更加傷害你。**「原諒」其實意指「為自己放下」，而不是為對方放下**。

在我的研討會裡，有些人終於真正原諒某人，長期偏頭痛在幾分鐘內消除，慢性便祕和結腸炎立即緩解，擺脫關節炎疼痛，改善視力，並且立刻體驗到眾多其他實質好處。有個男人沒有改變飲食習慣，卻在接下來兩天後，實際減重約二．七公斤！我也曾見過，有人在職涯和財務方面，後來創造出自己的奇蹟。相信我，這肯定值得努力一試。

---

*指透過行動對於少數群體給予優惠待遇，使多數群體的利益受到影響。

原諒的六大步驟

要做到原諒，下列步驟不可或缺：

1. 承認你的憤怒和悔恨。
2. 承認其所產生的傷害和痛苦。
3. 承認其所產生的恐懼和自我懷疑。
4. 承認你可能扮演的任何角色，以致於行為或事件發生或使它延續下去。
5. 承認你想要哪些事卻得不到，然後站在別人立場設想，嘗試理解對方當時的緣由是什麼，以及他們想要藉由自己行為，努力達成什麼需求，不論他們有多麼不擇手段。
6. 放下那個人，原諒對方。

如果你集中注意力，可能注意到這些步驟與「全然真心話」的六大階段有關。

列出哪些人讓你覺得受傷

哪些人讓你覺得受傷？怎麼受傷？請列出清單：

傷害了我，他／她做了

然後逐一檢視，需要多少天就花多少天時間。針對每個人進行「全然真心話」。你可用書寫或口述方式進行過程，假裝你正在跟這個人對話，而對方正坐在你對面的空椅上。確保你有充裕時間，思索每個人當時生活中可能發生什麼事，才導致他們對你做出這樣的事。

切記，所有人（包括你在內）總是盡己所能，以當時既有的覺察、知識、技能和工具，達成自己的基本需求。如果他們能夠做得更好，他們當然願意做得更好。隨著他們漸漸察覺自己的行為將如何影響他人，也學會用更有效卻不傷人的方式來達成自己的需求。

沒有任何父母會一早醒來對伴侶說：「我剛剛又想出三種方法，可以毀掉女子。」父母總是盡其所能，要當好父母，可是由於他們本身的心理創傷、缺乏知識和親子教養技巧，還有生活上的壓力，總結起來，通常產生出傷害子女的行為。這並非針對個人而來，無論是誰處於當下，他們都會做出同樣的事。同樣道理也適用於每個人，而且一向如此。

消除恐懼和負面信念的敲療

當然，許多過去的傷痛會存留在心裡，甚至在身體留下痕跡，影響我們的未來行動和決定。在我的訓練課程裡，許多人覺得「讓過去成為過去」很難又很痛苦，極其艱辛，尤其是如果他們童年時期曾經遭遇暴力、創傷或虐待的話。

但是過去十年來，我已經使用某項鮮為人知卻高度有效的方法，不須用藥，也非侵入性治療，我使用此法幫助他人，減少或排除他們的創傷後壓力症狀。這也有助於減輕慢性疼痛、焦慮、恐懼症、膽怯、局限的信念，以及其他壓力相關的醫學病況。這項技巧如此強效，已經被用於盧安達和波斯尼亞的大屠殺受害者、海地的受災戶。英國特種部隊某位輔導師甚至在剛果使用此法，也用於從戰場回歸的美國大兵，治療「創傷後壓力症候群」（post-traumatic stress disorder, PTSD）。

這項方法是「輕敲穴位情緒舒解療法」，可刺激身體本身的能力，釋放由來已久的任何種類疼痛，成效驚人。

幾千年來，關於身體病況的對應方法，東方文化把焦點放在刺激「能量經絡」，或是全身各處通路。這些能量通路發送「電脈衝」（electric impulse）*到全身各處，維持所有系統的運作，不過除了移動能量並加強能量，還發現電脈衝也可儲存情緒，某些健康保健專業人士甚至相信，存留在經絡裡的特定情緒苦痛，會導致身體特定部位的疾病或慢性疼痛。

美國臨床心理學家羅傑．卡拉漢博士是「輕敲穴位情緒舒解療法」的創始人。三十四年前，他發現，只要以類似指壓的方式，沿著這些經絡輕敲，同時專注想著過往傷痛或當前壓力（恐懼症、膽怯、焦慮等），受到刺激後，就會立即釋放這些存留已久的情緒。他把自己這項方法稱為「思維場療法」（Thought Field Therapy, TFT），現今，卡拉漢博士的學社訓練執業治療師、健康保健專業人士與普羅大眾，教導大家如何在臨床環境和家裡使用TFT療法。

其他人也已經用「情緒釋放技巧」（Emotional Freedom Techniques, EFT）†與「經絡敲打療法」（Meridian Tapping Therapy）等方式，把TFT帶入大眾生活，尤其以治療師蓋瑞．奎格（Gary Craig）和尼克．歐爾納（Nick Ortner）最為知名。

我的書《敲入終極成就》描述如何使用敲打療法，從這些存留已久的焦慮、壓力和情緒傷害中，釋放自己，有助你更好的實施本書的準則。方法是藉由輕輕敲離任何局限的信念、恐懼和內在障礙，而這些都是在你試圖運用任何準則時，可能出現的障礙。

---

* 由於一切都是原子構成，我們的身體會產生電流，使我們接收訊息、產生行動。

† 「情緒釋放技巧」是由蓋瑞．奎格（Gary Craig）所創，試圖簡化輕敲順序，以供治療師之外的人使用。可閱讀尼克．歐爾納（Nick Ortner）的《釋放更自在的自己》（*The Tapping Solution*）。

輕敲法的第一部分，是請你先閉上雙眼，專注於你想釋放的恐慌、焦慮、情緒、痛苦或信念，然後以「一到十分」的評分等級（十分是最高程度），來釐清這項感覺或信念有多麼強烈。

圖表2-2繪製了九個敲打穴位。為了消除恐懼和負面信念，並且中和負面事件，接下來請開始進行基本的輕敲順序，先在你手掌根的部位輕敲「空手道掌劈」（karate chop, KC）部位，總共十次，要足夠堅決去感覺這個力道，但是卻不會痛到足以讓你手掌瘀青。

一邊敲打手掌，大聲重複說出你正要處理的信念、身體疼痛或受傷經驗，然後一邊對準該項信念或傷害引發的情緒，這一點最重要。說出信念或傷痛後，請接著說「我全然深愛自己，接納自我」這個肯定句。舉例如下：

「縱使我害怕要求加

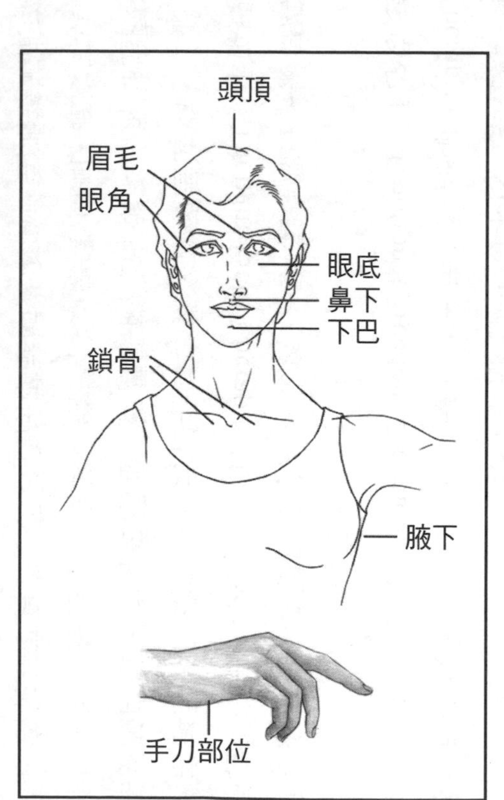

圖表 2-2　敲打穴位圖

薪，我全然深愛自己，接納自我」，或者「縱使我相信自己不值得成功，我全然深愛自己，接納自我」

一旦敲打空手道手刀部位十次，請著手進行下列 EFT 輕敲順序，同時聚焦於過去的傷痛、局限的信念、情緒、壓力、痛苦或焦慮根源。敲打每個穴位，隨之說出聲明，繼續把焦點放在情緒上。如下所述：

1. 頭頂：我害怕要求加薪。
2. 雙眉：我害怕要求加薪。
3. 眼角：我害怕他說「不」，而我會很尷尬。
4. 眼底：我會很尷尬。
5. 鼻子底下：如果他說不，我會這麼尷尬。
6. 下巴：如果他說不，我會極度尷尬。
7. 鎖骨：我害怕要求加薪。
8. 腋下：我會這麼尷尬。

你說了什麼其實不重要，重要的是你持續注意自己的情緒感受。另外，你可以輕敲眉毛、眼底、鎖骨、腋下等穴位。重複這道順序，反覆說出你的聲明，直到你感覺的強烈程度已經急遽下降到「一分」為止，或是完全消失無蹤。

對於各式各樣的嚴重恐慌症，敲打療法也能奇蹟奏效。凱莉・蕾帕（Kelly Ripa）是演員，也是脫口秀主持人，罹患非常嚴重的飛行恐懼症，原因是她在二〇〇一年九月十一日看到飛機撞上美國世貿大樓，造成心理創傷。她的製作人想在加州迪士尼樂園錄製《雷吉斯與凱莉的現場實境秀》（*Live with Regis and Kelly*），她知道自己必須克服飛行恐懼症，才有辦法完成這趟旅程。她找卡拉漢博士幫忙，卡拉漢博士在紐約透過電話，以敲打療法進行治療，她終於能夠舒適踏上飛機，完成這趟五小時的飛行。凱莉非常高興，於是邀請卡拉漢博士出席電視節目，治療遊樂園遊客的雲霄飛車恐懼症。才過了不久，就有十七個人去搭巨型雲霄飛車，其中大多數人都說想再搭一次！

在我的研討會上，我也用過敲打療法，助人克服飛行恐懼症、公眾演說恐懼症、公開演唱恐懼症、懼高症、幽閉恐懼症、溺水恐懼症等。雪倫・沃斯利（Sharon Worsley）是我「輔導員培訓課程」（Train the Trainer）其中一名學員。她在網路上貼了以下文章：

年輕時，我曾是游泳好手。在十二歲與十五歲，我曾有過兩次糟糕經驗，那時我差點溺死。在接下來的人生裡，我無法再度回到水裡。事實上，只要跟對方提到游泳的事，我的身體就會開始出現反應，我會一直往上抬頭，就好像我要使盡力氣，避免自己掉進想像中的泳池底下。這令我疲憊耗弱。若與朋友出遊旅行，他們享受泳池或海邊的玩水樂趣，而我卻只能坐著看他們，眼睜睜錯失樂趣。還有，我很不喜歡這種被剝奪力量的感覺。

不過，二〇一〇年六月某個酷熱夜晚，一切都改變了。那天是傑克．坎菲爾「輔導員培訓課程」最後一晚，我也是其中一員。在費爾蒙斯科茨代爾酒店（Fairmont Scottsdale Princess）的壯闊泳池旁邊，我看著與會同伴戲水玩耍，而我卻只能在側邊站著。

不知什麼原因，某個朋友終於把我哄騙進入泳池。但是我無法潛入臀部以下的水位，否則我會覺得極度焦慮。傑克聽說了這件事，他走了過來，看看能否幫我。

然後，奇蹟發生了。傑克教我使用敲打療法，短短幾分鐘內，我不但潛入更深的水裡，還很快就開始四處游泳，包括仰臥滑行，不靠任何輔助。我一度認為，以後應該不可能辦到了，不過打從那時起，我又開始游泳，不再有任何猶豫或恐懼。

所以，正如大家所見，有了這項簡單技巧的驚人力量，不再有任何理由，任憑恐懼、局限的信念或過去傷害和心理創傷阻礙你達成想要的任何事。

30 別拒絕接受現實

「真相不會因為無人理睬而消失。」

——奧爾德斯．赫胥黎（Aldous Huxley），前瞻作家

「只有抓住機會，我們的生活才會改善，而我們所能承擔的首要艱難風險，即是誠實面對自我。」

——華特．安德森（Walter Anderson），擔任《美國大觀》（*Parade*）雜誌編輯二十年

如果想要變得更成功，絕對不能「拒絕接受現實」，請面對生活裡的不順遂。你是否辯解或忽略了你的工作環境有多麼惡劣？是否為不佳的婚姻關係找藉口？是否拒絕接受現實：你缺乏精力、體重過胖、健康不佳、體適能程度不好？是否無法認清，最近三個月以來，銷

售額持續下降？員工沒有實現標準績效，你是否拖延當面質問員工？成功人士直截了當，面對這些情勢、關注警訊、採取適宜行動，不管情勢可能有多麼不舒服或充滿挑戰。

留意不對勁的小跡象

還記得「準則一」裡的「E＋R＝O」和「黃色警戒」？黃色警戒就是那些你覺得不對勁的小跡象。你的青少年子女又太晚放學回家了、公司郵件匣出現陌生通知、某個朋友或鄰居提出古怪評論，有時，我們選擇認清這些警戒並採取行動，但很多時候，我們僅是選擇忽視，假裝沒有注意到某事不正常。

為什麼？因為要面對人生裡的不順遂，通常意味著你必須跨出舒適圈採取行動。你可能必須磨練自己更加嚴格自律，與某人當面對峙、冒著被討厭的風險要求你想要的東西、堅決請求尊重而非無奈接受虐待關係，或可能甚至離職不幹。可是由於你不想做出這些不舒適的事情，即使情況不對勁，你通常也會為之辯護，縱容其事。

找出失誤原因，進行修復

雖然生活裡的惡劣狀況可能令人很不舒服、尷尬又痛苦，我們通常與之共存，或更糟的是，我們以謬論、廣為接受的觀點和陳腔濫調，隱匿這些事。我們甚至沒有明瞭自己正在拒絕接受現實。我們會使用下列句子：

- 大家都這麼做！
- 這個年代，青少年根本不受控制。
- 他只不過在發洩沮喪情緒。
- 這與我無關。
- 這不關我的事。
- 我沒有說話餘地。
- 我不想惹麻煩。
- 我對這件事無能為力。
- 家醜不可外揚。
- 這樣的信用卡債很正常。

- 如果我說出來，我會被開除。
- 媽媽的教會朋友對她洗腦。
- 好險只是大麻。
- 她正處於這個年紀。
- 我需要那些東西幫我放鬆。
- 我需要這樣長時間工作，領先別人。
- 我們只能靜待爛事結束。
- 我相信他會有報應。

我們甚至偶爾編造理由，說明為何某事不順遂是正常的，卻不明瞭只要我們願意早點認清惡劣情況，通常解決時就沒那麼痛苦、花費會更便宜，情勢可能會更有益、問題解決起來更容易、會更誠實面對相關人等、對自己的感覺會更好、更有職業操守。但是首先，我們必須不再拒絕接受現實。

從另一個角度看，**成功人士更致力找出事情出錯原因，然後進行修復，而非捍衛自己立場或繼續保持無知**。

在企業裡，他們正視殘酷事實的真正數字，而非竄改數字讓股東看起來覺得不錯。他們想知道為何有人不用他們的產品或服務、為何廣告宣傳活動不管用、為何開銷這麼高昂。他們頭腦清醒又理智，絕不脫離現實。他們樂意看待事實真相，妥善處理，而非隱匿真相又加以否認。

「不管用的事情就算做得再多，也不會讓事情境況變好。」

——查爾斯．J．吉文斯（Charles J. Givens），不動產投資策士、《無風險的財富》（*Wealth Without Risk*）作者

認清狀況，不找理由

不再拒絕接受現實，有很大部分是要認清惡劣情況，然後針對情況採取行動。認清狀況並做出決定，對大多數人來說有多麼困難，這點總是讓我很訝異，尤其是在酗酒和用藥成癮等方面。因為成癮症，他們婚姻失敗、事業失敗、失去房子，甚至到頭來爭吵不休，後來才懂這些癮頭無濟於事。

幸好多數人的問題都沒吸毒那麼嚴重，不過卻不代表「認清情況」或「做出決定」更容易。以你的工作為例，你是否拒絕接受現實，不去做你真正喜歡做的事？更糟的是，你是否說自己有多麼快樂充實，而實際上卻不是？你是否活在謊言裡？

工作狂就是完美例子，任何人都不可能長期負荷過大的時間壓力，但是大多數工作狂會說服自己「我在賺大錢」、「我靠這個維持家計」、「我就是這樣領先別人」、「我必須完成辦公室裡的工作」等。正如我們探討過的，捍衛惡劣情況並且加以合理化，就只是在拒絕接受現實。

害怕面對真相

之所以拒絕接受現實，通常是因為人會想著，如果面對現實，然後採取矯正行動，反而事情會更加糟糕。換句話說，我們害怕面對真相。

治療師說過很多次了，儘管大量線索顯示配偶有外遇，許多患者仍不會當面質問配偶，他們就只是不想面對現實，害怕婚姻可能結束。他們不想處理情緒壓力，以及離婚帶來的不便。他們不想處理財務問題，或可能被迫搬家找新工作。

你害怕處理的情況有哪些？

- 你的青少年子女在抽菸或吸毒？
- 主管提早下班，卻把迫在眉睫的專案丟給你？
- 事業夥伴沒做好自己分內的事，或是花了太多錢？
- 已經無法支付你的房貸或開銷？
- 你年邁雙親現在需要全職看護？
- 由於飲食習慣不良或缺乏運動，你的健康出了問題？
- 配偶徹夜不歸、沉默寡言、不尊重你、吹毛求疵或施加虐待？
- 沒有足夠時間，留給你自己或子女？

不論是在生活方式、工作和人際關係方面，雖然上述許多情況可能需要急遽變化，請記住，這些問題的解決辦法不一定總是要你離職、離婚、解雇員工或禁足你的青少年子女。選擇較不極端的替代做法，可能更有成效，例如：與主管討論、婚姻諮商、與青少年子女和手足立下界線、縮減開銷或尋求專業協助。當然，這些較不激進的解決辦法，依然需要你面對恐懼，採取行動。不過，首先請務必面對不順遂的事。

好消息是，你越能面對不舒服的情況，越能改善境況。僅是面對一件不順遂的事，接下來你就略知模糊印象，你越有可能立刻採取行動。你越早採取行動，就越容易清理。還記得這句俗語「一針及時，可省九針」（及時行動，免得問題成堆）嗎？確實如此。

寫下各種無用的做法

現在就花時間列出清單，寫下你人生各種無用的做法。先從你通常設定目標的七大領域開始著手，也就是在財務、職涯或事業、空閒時間或家庭時間、健康與外表、人際關係、個人成長、發生重大影響等方面。詢問你的家人、朋友、員工、同事、同學、組員、教練或隊友，哪些事不管用？

提問哪些事不管用、要如何改善？我能做出什麼請求？你需要從我這裡得到什麼？我要怎樣幫助你？我們需要去做什麼？我們能夠採取什麼行動，使情況都能照著我們所喜歡的方式運作？

你是否需要與某人談談？打電話找修理工？要求某人幫忙？學習新技能？找到新資源？閱讀一本書？請教專家？訂定計畫來修正？

選擇某項你能採取的行動，然後去做。接著繼續採取另一項行動，再來另一項行動，直到情況解決為止。

31 順應變化，從中獲益

「『改變』才是人生定律。若人只看過去和現在，肯定錯失未來。」

——約翰·F·甘迺迪（John F. Kennedy），美國第三十五任總統

「改變」是無可避免的事，例如：此時此刻，你的身體和細胞正在改變；地球正在改變；經濟、科技、企業經營，甚至就連人際溝通方法也正在改變。儘管你能抗拒那樣的變化，也很有可能被那樣的變化淘汰，但你也能夠選擇配合變化、因應變化，並且從中獲益。

成長或衰退，跟趨勢有關

一九一〇年，美國有十五間花店創立「花店電報運送公司」（Florists' Telegraph

Delivery, FTD），開始利用電報交流訂單，千里迢迢運送花朵給顧客摯愛的人。在當時，許多人遷居城市或小鎮，遠離家鄉，前往當地花店訂購小型花束的時代已經過去。FTD公司辨識出這股趨勢，並且將這股趨勢結合電報，開始蓬勃發展，這也呈現出溝通方式的改變。

大約在同一時期，美國鐵路業眼看著汽車和飛機日漸發展，成為載運乘客和貨物的新工具，其他產業已經準備好接受挑戰，可是鐵路業卻非如此。鐵路業一直抗拒，並深信鐵路事業屹立不搖，他們不明白自己陷入了什麼困境，無法成長茁壯。雖然主要事業是在鐵路，但公司其實也可以發展汽車業和航空業，可是他們不願意這麼做。因此，鐵路業幾近凋零。

「變化」是一種機會

改變發生了，你可以配合改變，學著如何從中獲益，或者你也可以抗拒改變，最後被變化輾壓。一切端視你的選擇。

你全心全意，欣然接受改變，當作是人生無可避免的一部分，這時候，請探尋方法來利用新變化，讓你的生活更富裕、更輕鬆、更充實，你的人生將會過得更好。**你將體驗到變化是一種機會，迎接成長和新的經歷。**

幾年前，我受聘擔任華盛頓特區海軍海面系統司令部（Naval Sea Systems Command in Washington, D.C.）的顧問。他們才剛宣布整個司令部要搬去加州聖地牙哥，也就是說，在這趟轉換裡，很多公務員工作都會不見。我的工作是要執行一場座談會，對象是所有的非軍事人員，而他們不會搬去加州。儘管海面系統司令部已經提供工作給每個人，調動到聖地牙哥（包括補貼所有的搬家開銷費用），或協助在華盛頓特區轉置新工作，很多員工仍感到恐懼憤恨，驚訝到幾乎僵滯。

雖然他們幾乎全都把這項變化看成生命裡的重大災難，我鼓勵他們把變化視為機會，一種新契機。我教他們理解「E＋R＝O」。雖然「搬遷到聖地牙哥（E）」是無可避免的事，不管順利與否，他們的「結果」（O）都將全權取決於他們對這個狀況的「反應」（R）。我說：「或許在華盛頓特區，你們會找到更有自主感的工作，甚至薪水更好的工作。或者也可能想要搬去加州，那裡幾乎全年氣候溫暖宜人，新朋友和冒險正在等著你們。」

他們的驚慌和恐懼開始慢慢消褪，轉而開始明瞭事情確實能夠解決，甚至狀況更好，只要他們欣然接受這項改變，當作一種機會來創造新事物，讓自己變得更好。

欣然接受改變的提問

請明白，變化分成兩種類型：「週期變化」（cyclical change）與「結構變化」（structural change），兩者皆不是你能控制的。

週期變化，就像我們在股市看到的變化，一年發生數次，價格上漲又下跌。有行情上漲的牛市（Bull Market），也有盤整時期。我們看到，氣候有四季變化，業績也有淡旺季，暑假旅遊行程較多等，這些都是週期循環發生的變化，而我們只不過接受它們成為日常生活的一部分。

結構變化，像是人類發明電腦、創造網際網路，我們的生活、工作、得知新聞、購物等方式完全改變。像這樣的結構變化，是一種無法回頭的變化，以前的做事方法已經一去不復返，只要你抗拒這類變化，你就會被淘汰。

如同海軍海面系統司令部員工、FTD花店或鐵路業，你是否欣然接受結構變化，努力改善自己的生活，或是抗拒這些變化？

回想過去，你當時經歷一場變化，可是卻抗拒了，或許是搬家、職務調動、變更供應商、公司科技的變化、管理階層變動，或甚至是你的青少年子女去上大學，這是你必須妥善處理的變化，而你卻覺得這是世界上最糟糕的事。

一旦你向這種變化投降，會發生什麼事？你的人生實際上改善了嗎？你現在能否回顧往事，然後說：「我很高興發生這件事。看到這件事終於為我帶來好處。」

只要記得，你已歷經過去的變化，而且這些變化大多成效頗佳，你就能以熱情和期盼心情，開始應對每項新變化。為求欣然擁抱任何改變，請自問以下問題：

- 我人生出現什麼變化，是我目前正在抗拒的？
- 我為什麼要抗拒這項改變？
- 關於這項變化，我在害怕什麼？
- 我害怕什麼事可能發生在我身上？
- 讓事情保持原樣，結果會怎樣？
- 讓事情保持原樣，我會付出什麼代價？
- 這項變化可能存在什麼益處？
- 要配合這項變化，我必須去做什麼？
- 我接下來可採取什麼步驟，因應這項變化？
- 我何時將會採取接下來的步驟？

32 把自我批判化為內在嚮導

「一個人的思想確實造就了這個人的樣子。」

——詹姆斯・艾倫（James Allen），《我的人生思考》（*As a Man Thinketh*）作者

研究顯示，平均每個人每天自我對話大約五萬次，包括你在內。遺憾的是，多數的自我對話都是有關你自己，而且根據心理學家研究，其中有八〇%是負面的，像是「我不該那樣說」、「他們不喜歡我」、「我絕對無法成功做到這件難事」、「我不喜歡我今天的髮型」、「另一隊快要痛宰我們了」、「我不會跳舞」、「我不是演說家」、「我絕對無法減肥」、「我似乎永遠雜亂無章」、「我總是遲到」。

「為你的局限找藉口，那你就是真的把自己局限住了。」

——理查・巴哈，《天地一沙鷗》作者

從這份研究裡，我們還知道，這些思維對我們產生強力影響。思維影響我們的態度、行事動機、生理機能，我們的負面思維其實控制著我們的行為，使我們結巴、弄倒東西、忘詞、汗流浹背、呼吸急促、覺得焦慮或驚嚇，更極端的情況下，甚至癱瘓或陷入危險。

小心被自己的想法殺死

尼克．席斯曼（Nick Sitzman）是年輕的鐵路工人，身強體健又滿懷抱負。他以工作勤奮聞名，有一個摯愛的妻子、兩名子女和許多朋友。某個仲夏日，火車全體機組人員接獲通知，他們可以提早一小時下班，去慶祝領班的生日，而尼克需要對部分車輛執行最後檢查，卻意外被反鎖在冰箱棚車裡。尼克知道其他工作人員已經離開現場，開始驚慌失措。

他猛擊門板，大吼大叫，直到拳頭流血、聲音嘶啞，但是沒人聽見。根據他的認知，他預計溫度會降到零度，尼克心想「如果我出不去，我會凍死在這裡」。他想讓妻子和家人知道自己到底發生什麼事，於是找到一把刀子，開始在木地板上鑿刻一些字，他寫著：「這裡好冷。我的身體逐漸凍僵。如果我就這樣睡去，這些話可能是我的遺言。」

隔天早上，機組人員拉開冰箱棚車的厚重滑門，發現尼克已經死亡。驗屍結果顯示，他屍體的每項體徵都指出他是凍死的。可是，那個車廂的製冷機組並未啟動運作，而冰箱裡面的溫度顯示是攝氏十三度。尼克是被自己的想法殺死的*。

你也可能如此。如果不小心，很可能就被自己的局限想法殺死。不會像尼克．席斯曼那樣一次致死，而是逐漸蠶食鯨吞，日復一日，直到你慢慢麻木了自己，扼殺與生俱來實現夢想的能力。

身體每個細胞都受到想法影響

從測謊器也可得知，你的身體會對你的想法產生反應，你的體溫、心跳、血壓、呼吸速率、肌張力、手汗程度都會改變。當你連接測謊器，被問一些問題，像是：「你是否拿了這筆錢？」如果你確實拿了錢，但是卻說謊了，你的手開始越來越發冷，心跳越來越快，血壓升高，呼吸越來越急促，肌肉越來越緊繃，手心開始冒汗。諸如此類的心理變化不但發生在你說謊時，還發生在你產生每項想法時。身體每個細胞都會受到想法的影響。

負面思想對你身體產生負面影響，削弱你的力量，讓你冒汗、急躁不安；正面思想以正面方式影響身體，使人更輕鬆、專心、保持警覺。正面思想促進腦內啡的分泌，緩解痛苦，增進愉悅感。

踩扁你的負面思想

精神科醫生丹尼爾・亞蒙（Daniel G. Amen）把腦內聽到的這些局限想法稱為「自動負面思想」（Automatic Negative Thoughts, ANT）英文縮寫為「螞蟻」（ANT）。就像野餐時的螞蟻，你腦內的螞蟻能夠毀掉你的人生。亞蒙醫生建議大家學會「重踩螞蟻」†。首先，請務必覺察負面思想，接下來，請務必甩掉負面思想，挑戰它們，加以重踩。最後，你必須以更正面肯定的想法來替代。

「別聽信每件事，即使是你自己腦袋想法也別聽信。」

---

* 取自葛倫・凡・艾克瑞（Glenn Van Ekeren）的《演說靈感》（*Speaker's Sourcebook*）。

† 請見丹尼爾・亞蒙（Daniel G. Amen, M.D.）的《一生都受用的大腦救命手冊》（*Change Your Brain, Change Your Life*）。該書深具啟發，一探如何使用與大腦結構相符的策略，克服焦慮、沮喪、強迫症、憤怒和衝動，而這些可能嚴重阻礙你創造想要的人生。接下來有關「重踩螞蟻」（stomping the ANTs）的論述大多出自亞蒙醫生的真知灼見。

——丹尼爾・亞曼（Daniel G. Amen,M.D），臨床神經科學家、精神科醫生、注意力不足過動症專家

要處理任何種類的負面思考，關鍵在於必須領悟到：你才是終極主宰，決定是否聽信或同意任何想法。不要因為你思考它或聽到它，就代表它是真確無誤。

請持續自問：「這個想法對我有益或是有害？是否促使我接近想去的境地，或反而更加遠離？是否激勵我採取行動，或是以恐懼和自我懷疑來困住自己？」如果這些思維不能幫助你實現更大的成就和幸福，你必須學會挑戰這些思維。

我的朋友道格・班區（Doug Bench）是《精通進階成就的居家自學課程》（*Mastery of Advanced Achievement Home Study Course*）的作者†。他建議寫下你思考的每個負面想法，或是大聲說出來，包括你從別人那聽到的每個負面想法，而且是花整整三天去做（要確定其中兩天是平日，另一天是週末日）。

請你的配偶或父母、子女、室友、同事幫忙，每當他們聽到你喃喃說出負面想法時，就當場提醒你，要求你給一美元罰金。我最近舉辦某場研討會，每當與會人員說出任何有關責怪、合理化或貶低自我的話語，就必須把兩美元投進碗裡。這個碗很快就滿了，實在令人訝異。然而，四天課程過去了，隨著大家日益覺察，自動化負面評論越來越少。

負面想法的七種類型

了解不同類型的負面想法也會對你有所幫助。一旦認清這些類型的想法，領悟到它們是荒謬無理的思維，有必要提出質疑、取而代之。以下是常見的負面思維類型，以及如何消除它們的方法。

「總是如此」或「絕對不會」的思考方式

在現實生活裡，極少有事情是「總是如此」或「絕對不會」。若你想著某事總是發生，或是你絕對不會得到想要的事，你一開始就註定失敗了。如果你使用全有或全無的字詞，像是「總是」、「絕不」、「每個人」、「沒有人」、「每次」、「每件事」等，你通常都是錯的。以下例子說明「總是如此」或「絕對不會」的思考方式：

- 我絕對不會獲得加薪。

＊道格·班區在著作中運用最新的神經科學和腦科學研究。

- 我絕對不會有空休息。
- 每個人都在利用我。
- 沒有人讓我輕鬆一點。
- 我的員工絕對不會聽我的話。
- 每次我冒險一試，就被重擊。
- 我絕對不會有自己的時間。
- 他們總是取笑我。
- 沒有人管我死活。

發現自己正在思考「總是如此」或「絕對不會」的想法，請以確實真切的事情來替代。舉個例子，針對「你總是在利用我」這個念頭，請改為「你利用我，我很生氣，但是我知道你過去公平對待我，以後你也將如此」。

聚焦於負面事物

有些人只把焦點放在壞事，從不把焦點放在好事。有一次我為高中老師舉辦訓練，我注意到，多數老師都有聚焦負面的習慣。如果他們上一堂課，有三十個孩子學會了，可是卻有四個學不會，他們會把焦點放在這四個學不會的孩子，然後覺得糟糕，而不是把焦點放在二十六個已經學會的孩子，然後覺得很好。

學會找出正面事物。不但可以幫助你覺得更好，這也是至關重要的部分，使你創造出你要的成就。最近一個朋友告訴我，他在電視上訪問某位大富翁，對方描述生涯轉捩點：某天早上，他聚集全體員工，請大家說說過去一週發生的某件好事。一開始說出來的全是抱怨、問題、困難。最後，一位員工稱讚某位運送包裹到辦公室的UPS快遞員，說那個人已經申請進入大學，要回校進修取得學位，他專心致志於教育進修，追尋自己的人生夢想，這位員工深受鼓舞。漸漸地，員工一個接著一個，開始說出其他值得分享的正面事情。不久之後，這就變成每次會議的其中一部分，到了後來，每次會議結束前，他們都非得講述每項正面事情不可。公司整體氛圍改變了，原本聚焦於負面事物，現在把焦點放在好事。企業本來才剛開始起飛，從那時候起，就開始呈現指數型成長。

從每種情況裡，找出值得欣賞的事，學會感恩。要建構你的「感恩力」，可以在每天早上花七分鐘時間，寫下你人生所有值得感恩的事，這道練習非常強效，我建議大家往後把它當作每日儀式。一旦你主動尋求正面事物，你會變得越來越感恩，樂觀積極。若想吸引更多好事，創造你夢想中的人生，就得這樣做，一切往好處想。

我妻子最近發生車禍。她開車經過十字路口，由於交通號誌停電故障，於是她撞上另一輛切入她車道的車子。她大可以屈服於大量負面思想，像是「我到底出了什麼錯？我應該更注意才對。都已經停電了，我不該開車出去才對」等。相反地，她把焦點放在正面事物，像是「我好幸運能夠存活，毫髮無傷，另一個駕駛也還活著，情況良好。感謝老天，我的車子確保我安全無虞，我很高興警方盡速趕來。有這麼多人到這裡幫忙，實在了不起。這是一記警鐘，提醒我注意日後安全。」

災難性的預測

在災難性的預測裡，你腦袋創造出最糟的可能劇情，然後宛若情況肯定發生而依此行事。這些預測包括：潛在銷售對象對你的產品不感興趣；你的好感對象將會拒絕跟你出去約會；主管不會幫你加薪；你搭乘的飛機可能失事。請以「我不清楚她會怎麼做，可能會答應」這個念頭，來替代「如果我邀她跟我出去約會，她可能會笑我」。

讀心術

每當你相信自己知道別人正在想什麼，縱使對方尚未明說，你就是在用「讀心術」。你知道自己會讀心術，你在想著這類念頭，像是「他對我很生氣」、「她不喜歡我」、「他打算說不」、「他即將開除我」等。請以「事實」取代讀心術，想著「除非我明問，否則我不知道他正在想什麼。或許他只是今天過得不太好」。

切記，除非你是靈媒，**你無法讀取任何人的心思。你絕不會知道對方真正想法，除非他們親口告訴你，或除非你去問他們**。請直接問：「我想你可能對我很生氣，對吧？」來驗證你的假定。

記住這句話「有疑慮，請查證」。提醒自己直接提問，而非假定你都知道。

內疚感

產生罪惡感時，你想著下列字詞，像是「應該」、「一定要」、「應當」、「必須」等。例如：「我應當花更多時間用功準備律師考試」、「我應該花更多時間在家陪小孩」、「我必須多做運動」。只要你覺得「應該」去做某事，你內在會產生抵抗，反而不做。

「我今天不對自己說『你應該』。」

——某張海報上的話

如果你用「我想要」、「這支持我的目標去做」、「這樣做才明智」、「這樣才符合我的最佳利益」諸如此類的話，來取代內疚感，你將會更有成效。罪惡感絕對不會富有成效，反而阻礙你達成目標。所以，請擺脫這道有礙成功的情緒關卡。

貼標籤

「貼標籤」是指：把負面標籤黏在自己或別人身上。這是一種速記形式，阻止你清楚做出更精細的區分，而這樣的區分有益於促進效能。負面標籤包括「蠢蛋」、「白痴」、「自大狂」、「不可靠」等。只要你使用類似這樣的標籤，你就是在迫使自己或別人無奈接受你認定的所有「蠢蛋」或「白痴」等分類，如此一來，你會更難應對那個人或狀況，不把對方或那項經驗視為獨一無二。請以「我剛剛做的事真是不夠明智，不過我依然是聰明人」這句話，挑戰「我是笨蛋」這種想法。

「一切意義皆由自己造成。」

——維琴尼亞・薩提爾（Virginia Satir），知名心理治療師，因家族治療和自尊等領域的貢獻而聞名

帶入個人情緒

你把個人意識投入某項中性事件裡，就是「帶入個人情緒」。比如說，「凱文還沒回電話給我，他一定對我很生氣」，或者「我們失去了這個大客戶，一定是我的錯。我應該花更多時間在這項提案才對」。對於別人的行動，除了你想到的「自動化負面思想」這類負面原因，其實還有許多其他可能解釋。比方說，凱文可能還沒回電給你，是因為他生病、出國或被太忙了。你絕對不會知道別人做這些事的真正原因。

像贏家一樣，跟自己說話

「是你的思想導致你目前境地，而你的思想也將導引你到明天的境地。」

——詹姆斯．艾倫

要是你能像贏家一樣跟自己說話，而非像輸家一樣，又會怎樣？要是你能轉化自己的負面自我對話，變成正面的自我對話，會是怎樣？如果你能夠讓匱乏感和局限念頭安靜下來，並且以「無限的可能」來取代，情況會怎樣？假如你能用找回力量的言語，替代你想法裡的任何受害者言語，會是怎樣？你的內在批評家總是批判你的每項舉動，要是你能夠把這些批評轉為支持型的教練，在你面臨新狀況和風險時，給你鼓勵和自信，又會怎樣？說到這些，其實僅須一些覺察、聚焦與意圖，就全都可能實現。

把你的內在批評變成正向教練

重新訓練你的內在批評家，其中一項最強效的練習是：教導它告訴你全部真相。（請見

「準則二十九」）正如同你的父母為了你好，對你嚴格紀律，你的內在批評家在批評你時，其實是把你的最佳利益放在心裡，希望你做的更好，從中獲益。不過它只告訴你部分真相，這就是問題所在。

在你仍是小孩的時候，若你做了某件蠢事，例如：亂跑出去差點撞到車子，你的父母可能會對你大吼大叫，要你回房間反省。他們真正想傳達的意思是：「我愛你，我不希望你被車撞到。我要你乖乖不要亂跑，這樣你才能成長為健康快樂的成人。」不過他們只傳達一半的訊息：「你是哪裡有毛病？你有腦子嗎？回去你自己房間，反省你剛剛的行為。」他們害怕失去你，於是僅表達出自己的憤怒。但是在憤努底下，潛藏著更深層的三種未傳達訊息：恐懼、特定請求與愛。完整的訊息看起來會像這樣：

憤怒：你跑到街上，沒有注意是否有車子開過來，我對你很生氣。

恐懼：我很害怕你會嚴重受傷或死亡。

請求：你在街口附近玩耍時，我希望你更加注意。在你走到街上或跑到街上前，請先停下來看看兩邊。

愛：我這麼愛你。如果失去你，我不知道該怎麼辦。你對我而言珍貴無比，我希望你安全健康。你值得活潑玩耍，但要保持安全，這樣你才可以繼續享受人生，發揮最大價值。懂了嗎？

訊息大不相同了！你必須訓練自己的內在批評家，以同樣方式跟你說話。你可以在紙上進行這道練習，或是口頭練習，大聲對自己說出來。通常我會想像有一個複製人坐在對面空椅上，我跟他說話。

每當你批判自己，請列出清單，寫下你說過的所有事情。包括那些你告訴自己「你應該去做，可是卻沒做到」的全部事情。典型的清單可能看起來像這樣：

- 你運動不足。
- 你體重過胖。
- 你是懶惰邋遢的人，太會耍廢！
- 你喝了太多酒，吃太多甜點。
- 你必須戒除碳水化合物！
- 你必須少看電視，早點睡覺！
- 如果你早點起床，就會有更多時間運動。
- 你太懶惰，為什麼不把已經起頭的事情完成？

一旦你完成清單，請使用前文概述的四步驟，也就是憤怒、恐懼、請求、愛，來練習傳達相同資訊，每個步驟至少花一分鐘時間。在「請求」階段，要確定說得非常具體，確切陳述你到底想要自己怎麼做。「我希望你吃得更好」這句話太含糊了，要更具體一點，像是「我希望你每天吃至少四份蔬果，希望你別再吃薯條、糖果和甜點。我要你吃蛋和某些其他種類水果，當作每天早餐。我希望你吃全穀類食物，像是全麥和糙米等，而不是麵粉做的食物」你說得越具體，你從這道練習獲得的價值越大。如果你大聲說出來（也就是我建議的方式），那麼請盡可能以充沛情感和熱忱來進行。

如何使用上述的判斷清單？以下提供例子：

憤怒：你沒有好好照顧自己身體，我很生氣。你就是這麼懶惰邋遢！你喝太多酒，暴飲暴食，你自己都不節制，什麼時候才會有紀律的生活？你只會坐著看電視。我受夠了你的懶惰。你越來越胖，身材逐漸走樣。你再也穿不下以前衣服，看起來也不太好，真讓我反感！

恐懼：如果你不改變，我怕你會變得越來越肥，面臨健康風險。我怕你的膽固醇變高，你可能心臟病發。我怕你可能得了糖尿病。我怕你絕對不會改變，然後損害健康，來不及實現夢想。我很害怕，萬一你不開始調整飲食，也不好好照顧自己，沒有人會對你有好感。到頭來，你可能下半輩子孑然一身過活。

請求：我希望你加入健身房，至少每週去三天，其餘四天裡，我希望你散步二十分鐘；我希望你每天戒掉一小時的電視時間，把時間用來運動；我希望你停止吃油炸食物，開始吃新鮮的蔬果；我希望你戒喝汽水，開始喝更多開水；我希望你限制自己在週五和週六晚上才喝酒。

愛：我愛你。我希望長久陪伴你，希望你有美好的關係。你的穿衣打扮值得看起來更好，對自己感覺更好。你值得實現所有美夢。我要你覺得朝氣蓬勃又活力充沛，而非總是疲勞困頓又無精打采。你值得充實活出人生，享受當下。你值得完全快樂。

每當你聽到某部分的你正在批判自己，僅須回答：「感謝關心。你的恐懼是什麼？你到底希望我怎麼做？這樣如何幫助我實現事情？感謝你。」

我第一次體驗「內在批評家轉型為內在教練」的過程，人生開始改變了。我從某間培訓公司離職後，一直擔任顧問和專業演說家，但我真正想做的是開創我自己的培訓公司，訓練其他輔導員，在其他城市開設辦公室，為世界創造影響力。但是這樣的承諾看似壓力大到讓人喘不過氣，而我很害怕失敗。更糟的是，我還經常苛求自己，因為我沒鼓起勇氣嘗試。

完成練習「內在批評家轉型為內在教練」後，事情改變了。我不再苛責自己，不因沒有嘗試而說自己錯失多少事。我清楚告訴自己，我必須去做什麼。然後在隔天，我為新公司概略制定一份事業計畫，向我的岳母借款一萬美元，要求某位朋友當我的事業夥伴，排定會議時間，擬定成立公司的文書，開始設計信箋抬頭。不到三個月後，我在聖路易斯舉辦我第一場週末訓練，對象超過兩百人。不到一年後，我的辦公室據點遍及洛杉磯、聖路易斯、費城、聖地牙哥與舊金山。從那時起，有超過五萬人已經參加我的週末訓練課程，或是為期一週的課程。

藉由把內在批評家轉型為內在教練，我停止覺得自己像失敗者，開始從事讓我美夢成真的活動。我原本內在的那個人，使盡力氣打擊我自己，現在我能夠把他轉為另一個人，運用我的精力來創造我想要的東西。

別以為這項技巧看似簡單，就覺得沒什麼。這項技巧非常強效。但就像本書所說的其他內容那樣，若要取得價值，請務必加以實行。沒人能夠為你代勞。現在就花二十分鐘來練習「內在批評家轉型為內在教練」。全心全意站在你自己這一邊，一起努力，為你的夢想和志向謀求最大益處。

靠內在教練改善你的未來表現

你是否曾經教學一堂課、發表一場演說、進行一場銷售簡報、完成某項運動賽事、出演某部戲、在音樂演奏會上台或執行任何類型的工作，然後發現自己在回家路上，聽到腦海裡的聲音，說你搞砸了、你應該做出不同的事才對、原本可以怎麼做及應該怎麼做較好？我肯定你有過這種經驗。如果你長期聽這些聲音，就會逐漸削弱你的自信、貶低你的自尊，甚至垂頭喪氣，最後什麼都不想做。以下是另一種簡單強效的方法，可重新導引你的內在聲音，從原本的批判指責者，變為矯正支持者。

再次提醒，你內在批評家最深的潛在動機，是要幫助你改善你所作所為。請告訴你的內在批評家，停止批評訓斥你，或者說你將不再聽信它的話。告訴內在聲音，說你不願意再聽到任何更多的人格貶損、人身攻擊、威逼恫嚇，你只想聽到下一次可以採取什麼具體步驟來改善情況。這樣就能消除貶抑詞，把焦點放在改善機會。現在，這個內在批評家變成內在教練，僅是指出方法，改善未來結果。過去已成過去，你無能為力改變過去。你只能從中汲取教訓，改善下一次的表現。

以下提出例子，引用自我本身經驗，讓大家看看做法是怎樣。以下是內在批評家或內在教練所說的話：

內在批評家：我不敢相信。你在想什麼？你試圖在研討會放進太多資訊。你說話方式太快，結尾太倉促。這樣讓人無法吸收全部資訊！擔任研討會主持人這麼多年了，你應該知道情況原本可以更好！

我：等一下。我不會聽你批評我。我整天辛勤工作，給大家最佳體驗，而我知道當時如何創造出這種體驗。現在我已經完成，我很肯定有辦法改善下一次。如果你希望我接下來做出什麼具體的事，那麼請告訴我，這才是我真正想聽的東西。我對你的批判不感興趣，只須說出你的看法，下一次如何改善。

內在批評家：好吧！下一次，請挑選三到四大項重點，專注其上，確實把要點說清楚講明白，可以舉例說明、幽默說笑，並且帶入更多人與人之間的練習，如此就能使人真正融會貫通這些資料。你無法在一天內傾其所有教導大家每件事。

我：你說的對。還有其他事嗎？

內在批評家：還有，下午時刻，觀眾體力較為不濟，務必帶入更多互動式學習遊戲。如此可確保大家保持清醒。

我：好。還有其他事嗎？

內在批評家：每隔一小時就休息十分鐘，而非每隔兩小時休息二十分鐘，我認為這樣會比較好。這樣有助於保持高度體力，讓人有更多時間，互動交流彼此學到的事。

我：好主意。還有其他事嗎？

內在批評家：有。一整天下來，請確實納入一些身體上的活動。讓「動覺型學習者」（Kinesthetic Learner）*的學員更能參與其中。

我：還有其他事嗎？

內在批評家：有。確定下一次要發兩份活動單給大家，一份給他們在研討會寫出來，一份當作影印樣板，離開研討會後可以使用。否則他們就無法再利用表單。你也可以在網站上面放一份副本，提供大家下載列印。

我：好主意。還有其他事嗎？

內在批評家：沒有了。

我：我寫下所有建議了。我一定會把這些事納入我下一場研討會。感謝你。

內在批評家：不客氣。

從這個例子可以看出，關於如何改善你在未來的表現，你的內在教練觀察家有很多話要說。只不過問題在於，它是用批判方式呈現資訊。一旦你把對話內容轉換成「非情緒化」的改善討論，這項經驗就會從負面轉為正面。

以下有個寶貴訣竅，某些關於記憶的研究顯示，在短期記憶裡，新的想法只會留存大約四十秒，然後就消失了。請寫下你內在訓練的這些想法，然後存檔起來，在下次表現前，即可再次查看，否則你就可能失去這些寶貴意見回饋了。

另一種將內心批評者轉變為內心教練的有效方法，是使用我在《敲入終極成就》書中概述的方法，利用「輕敲穴位情緒舒解療法」轉化你的內在批評家。這種特定的協議旨在將內在批評家，透過重新定義，轉變為支持盟友。†

* 透過身體、觸覺、運動等方式，產生較好學習效果的人。

† 詳細情形請參閱《敲入終極成就》。

33 超越你的局限信念

「你的潛意識不會與你爭辯，它會全面接受你意識心下達的旨意。如果你說：『我無力負擔這個東西。』你的潛意識就會努力讓事情成真。要挑選更佳的想法。下達旨意：『我將會買下這件物品，內心全然接納它。』」

——約瑟夫．墨菲（Joseph Murphy）博士，《潛意識的力量》（*The Power of Your Subconscious Mind*）作者

我們許多人都有不少信念限制了自己的成就。不管這些信念是有關自己本身能力、需要做什麼事才可成功、如何與其他人產生關聯，或甚至是每日常見的迷思，而這些迷思長久以來受到當代科學或研究的駁斥。若要變得更加成功，請超越自己的局限信念，這是關鍵性的首要步驟。你可以學會辨識哪些信念限制了你，然後以能夠支持你成功的正面信念，來代替局限的信念。

善用轉念消除「無能感」

「不論如何，我就是無法實現我的目標」這種觀念就是其中最常見且最具毀滅性的局限信念。儘管最棒的教育資料隨手可得，而且數十年來有相關知識記載如何實現任何事務，我們不知怎麼回事，就是選擇會說：「我辦不到那件事、我不知道怎麼做、沒有人教我、我不夠聰明」等。

這樣的想法從何而來？對我們大多數人而言，問題出自我們早期童年接收到的指令。不論自身是否有所察覺，我們的父母、祖父母和其他成人會告訴我們：「親愛的，不可以唷！這對你來說負荷量太大了。讓我來幫你吧！或許明年你可以再試試。」

我們把這種「無能感」帶入成年時期，歷經職場錯誤和其他失敗後，強化了這種感覺。但是如果你決定改說：「我能辦到這件事。我很有能力。其他人已經實現這件事。如果我沒這項知識，某處一定有人可以教我。」

你可以轉念，改為求取勝任感和精熟度。轉念思考，即可將「早知道就那樣做」的念頭轉變為找到方法「實現你人生真正想要的事」。

相信自己值得被愛

同樣地，很多人不相信自己可以「應付人生挑戰」或「值得被愛」。雖然如此，這兩個信念卻是「高度自尊」的兩大支柱。要相信自己「有能力處理任何迎面而來的人生事件」，也就是說，你不再害怕任何事。況且你難道從未處理發生在你身上的每件事嗎？事情遠比你所想的還要更加艱難？摯愛的人死亡、離婚、破產？失去朋友、工作、金錢、名聲、青春？這些事很倒楣，不過你處理好了。所以，你同樣也能處理其他發生在你身上的任何事。一旦明瞭這一點，你將會信心大增。

相信自己值得被愛，意味你相信「我值得受到良好對待，受人敬重又有尊嚴。我值得某人珍惜仰慕。我值得擁有愉悅滿足的親密關係。我不會無奈接受我不值得的事。我會盡己所能，為自己創造一切」。

折磨你的局限信念

我們通常也會受到局限信念的折磨。下列句子是否很耳熟？

- 我不夠＿＿＿＿＿＿（聰明、吸引人、富有、年長、年輕等）。
- 我不討人喜歡。
- 我沒價值。
- 我不安全。
- 人生很難。
- 女人不做那種事。
- 他們絕對不會選我領導新專案。
- 我需要收入，縱使我不喜歡這份工作。
- 不管我做什麼，都不會成功。
- 從事這項專職，無法致富。
- 這個城市沒有好人。

四步驟克服局限信念

以下是簡單強效的四步驟，你可用來轉化任何局限的信念，變成具有力量的信念。

1. 辨識出你想改變的局限信念

一開始，先列出清單，寫出任何可能限制你的信念。邀請兩三位也想提升自我成長的朋友，加入你的行列，這個方法也很有趣。你們可以腦力激盪，列出一份清單，寫下你們在成長過程從父母、監護人、老師、教練所聽到的全部事情，即使是善意的宗教講師也算（例如：天主教學校裡的修女），而這些事可能不知何故依然限制著你。以下是某些常見的話語和局限信念，以及相關延伸字句：

- 錢不會長在樹上↓我永遠不會有錢。
- 你就不能把事情做好嗎↓我做不好任何事，所以何必去試？
- 小孩子有眼無嘴↓我要安靜乖巧，才會被愛。
- 盤子裡的食物要吃光，其他國家的小孩在挨餓↓我應該吃完盤子裡的所有食物，就算我不餓。
- 男生不能哭↓與人分享我的感受，實在不妥，尤其是我的悲傷。
- 行為舉止要像端莊淑女↓舉止輕浮（裝傻、性感、主動等），有礙觀瞻。
- 你永遠只會想到你自己↓把焦點放在自身需求，不太恰當。
- 你的聰明才智不足以上大學↓我很笨，不是上大學的料。

- 如果妳交過很多男朋友，沒人想娶妳為妻↓我是有缺陷的商品，沒人會愛我。
- 別人對你的問題不感興趣↓我應該隱藏內心真正想法。
- 沒人對你的意見感興趣↓我的想法不重要。

清單完成後，挑選某項你自認依然限制你的信念，引領自己歷經這個過程其餘三步驟。

2. 釐清這項信念如何限制你

3. 決定你寧可怎樣、如何行動或感覺

4. 製作一份「改觀聲明」，肯定你或允許你成為、去做或感覺這項新方式

四步驟執行方式舉例如下：

1. 我的負面局限信念是：「我必須一切靠自己。要求幫忙，實在不妥，這是脆弱的表徵。」
2. 這個信念對我的限制方式是：「我不向外求助，到頭來沒能趕上截止日期，通宵熬夜，自己的時間都不夠用。」

3. 我想要感受到的方式是：「尋求協助，沒什麼大不了。我不會因此脆弱。要鼓起勇氣才可求助。我在必要時尋求幫忙。某些事情是我自己不喜歡做的，而且我沒時間妥善處理，所以我想授權別人去做。」

4. 我的「改觀聲明」是：「尋求幫助，其實很正常。我值得接受全部所需的支持。」

以下是「改觀聲明」的其他例子：

負面：把焦點放在自身需求，不太恰當。
改觀：我的需求正如其他人的需求那樣重要。

負面：如果我表達真實感受，大家會認為我很脆弱，藉此利用我。
改觀：我越能表達自己的真實感受，越有更多人愛我、尊重我、支持我。

負面：我做不好任何事，所以何必去試？
改觀：我能夠做好許多事，而且每次我嘗試新事物，都學會很多事，漸入佳境。

一旦創造出新的信念，也就是「改觀聲明」，你必須每天持續重複幾次，為期至少三十天，將這項聲明植入你的潛意識裡。請使用「準則十」討論肯定句技巧。

《信念的力量》（*The Magic of Believing*）這本書文筆出眾，作者克勞德・布里斯托（Claude Bristol）在書中指出：「重複暗示，會隱約傳達微妙力量，攻克我們的理性。這會直接影響到我們的情緒和感受，最後滲透到潛意識極為深層的部分。正是這樣的重複暗示，使你相信一切。」

34 一年培養四種新的好習慣

「若人想要達到事業巔峰，必須懂得習慣的力量和威力。務必迅速阻斷不良惡習，並且加快採納其他慣常做法，變成有益習慣，達成所欲成就。」

——J．保羅．蓋提（J.Paul Getty），「蓋提石油公司」創辦人、慈善家

心理學指出，我們的行為有高達九〇%都是習慣性的。九〇%！從你一早起床開始，直到你晚上就寢入睡，你每天以同樣方式進行好幾百件事。這些方式包括洗澡、穿衣、吃早餐、讀報、刷牙、開車上班、桌面物品擺放、去超市購物、打掃房子等。多年來，你已經培養出一套根深柢固的習慣，釐清你生活各方面如何運作，從你的工作、收入、健康到人際關係都有。

好消息是，習慣有助於釋放你的心智，同時你的身體機能保持自動運作。如此一來，在你洗澡時，你可以規劃當日行事。你可以一邊開車，一邊跟身旁的乘客說話。壞消息是，你

也可能被困進無濟於事的習慣裡，無意識的自我挫敗行為，壓制你的成長，限制你的成功。

到目前為止，不論你已經建立了什麼習慣，都是在產生你目前的成效層級。很有可能的是，如果你想創造出更高層級的成就，你必須捨棄某些習慣，例如：不回電話、熬夜太晚、看太多電視、留下尖酸刻薄言論、每天吃速食、抽菸、約會遲到、花費大於所得等，然後以較具生產力的習慣來取代，例如：二十四小時之內回電、每天睡滿八小時、一天閱讀一小時、每週運動四次、吃下有益健康的食物、準時赴約、存下百分之十的收入等。

不論好壞，習慣總是產生效果

「成功之道在於：了解那些一定導致成功的簡單具體習慣，並且虔誠實踐。」

——羅伯特．林格（Robert J. Ringer），《10個成就一生的好習慣》（*Million Dollar Habits*）作者

你的習慣決定了你的成果，成功人士不會只是隨波逐流就爬上頂峰。要攀上顛峰，需要聚焦於行動、個人紀律、每天付出許多心力，**從今天開始培養的習慣，往後終究將會決定你**

的未來如何開展。

壞習慣會導致很多問題，而且有可能直到晚年，才會看到壞習慣帶來的惡果。如果你慢性累積惡習，人生終究得償惡果。或許你不喜歡惡果，但是人生勢必給你反饋。事實上，如果你繼續以某種方式行事，結果絕對可以預期。負面習慣招致負面結果；正面習慣創造正面結果。

改變習慣的兩步驟

要改變習慣，行動步驟有二：

步驟一：將所有習慣列成一份清單

不管習慣是讓你變得沒有生產力，或是對你未來可能造成負面衝擊，請將所有習慣列成一份清單。別人覺得你有哪些局限習慣？請別人幫你客觀辨識出來，找出模式。至於最常見的失敗習慣，可以看下列清單：

- 拖延症。
- 最後一分鐘才繳付帳單。
- 沒有及時交出已經允諾提交的文件和服務。
- 應收帳款逾期未收。
- 開會或約會遲到。
- 自我介紹後，短短幾秒就忘了某人姓名。
- 說話要贏別人論點，而非仔細傾聽。
- 在家庭時間或與配偶相處時，接電話起來聽。
- 不只一次處理郵件。
- 工作太晚。
- 陪小孩時，選擇在旁繼續加班工作。
- 每週吃速食超過兩次。

一旦你已經辨識出自己的負面習慣，第二步即是要選擇更好、更有效率的成功習慣，並且開發出有益支持好習慣的方法。

第二步：選擇更好、更有效率的成功習慣

舉個例子，假設你的目標是要每天早上前往健身房，你可能會備妥某項計畫，提早一小時就寢，預先訂好鬧鐘；如果你要進行銷售，你大概會開發一份活動清單，以便讓所有潛在客戶收到相同系列的情報。

或許你想養成習慣，在每週五營業日尾聲完成你的工作，那麼你就自由自在，可以花時間陪伴配偶和子女。這個習慣很好，但是你會採取什麼具體行動，養成這個新習慣？你會從事什麼活動？你將如何維持動機？你是否會制定一份檢核清單，列出週五下午之前必須完成的事宜，以便維持正軌？你是否會較少在茶水間與同事閒聊？一邊跟人家講電話，一邊把該交的文件以電子郵件寄出？縮短午休時間？

積沙成塔，讓好習慣潛移默化

如果你使用這些策略，每年只養成四種新習慣，從現在開始五年後，你將有二十種新的成功習慣，為你帶來你想要的全部財富、渴求的感情關係、身體更健康也更有活力，還有各

式各樣的新機會。

一開始，請先列出來年你想建立的四種新習慣。每一季努力養成一個新習慣。假設每隔十三週，你勤奮努力建立一個新習慣，就不會每年立下不切實際的「新年新希望」清單來壓垮自己。況且現今研究顯示，如果你重複某項行為長達十三週，不論是每天冥想二十分鐘、用牙線清潔牙縫、檢視你的目標或寫感謝卡給你的客戶，都會成為終生習慣。要有條理，一次只添加一種行為，就能戲劇性的改善整體生活。

以下是一些提示，確保貫徹你對新習慣的承諾：張貼提示標語，提醒自己貫徹這項新行為。我以前聽過，即使是微乎其微的脫水，也會降低你的心智敏銳度，高達三〇%。所有保健從業人員都建議每天要喝十次約二百二十七克的水。於是我決定養成這個習慣。我貼上標語「多喝水！」，貼在我的電話上、辦公室門口、臥房鏡子、廚房冰箱門。我還請祕書每小時提醒我一次。

保持聚焦於新習慣，另一項強效技巧是：與人分享，記下分數（請見「準則二十一」），然後彼此問責。彼此互相檢核，每週至少一次，確保自己處於正軌。

要保持正軌，或許最強效的方法是遵循「毫無例外法則」，下一節會解釋。

35 避免功虧一簣

「『興趣』與『承諾』兩者有所差別。有興趣從事某事，你只會在方便的時候去做；如果承諾去做某事，你不會找任何藉口，只想取得成果。」

——肯・布蘭查德

在人生裡，勝利的戰利品屬於百分之百承諾做出成果的人，也就是抱持「不惜一切代價也要去做」的人。不論是奧運金牌、最佳業務員獎、完美的晚宴派對、微生物學這一科成績優等或是夢想中的房子，他們傾其所有，全心奉獻，取得想要的結果。

概念如此簡單明瞭，但讓人訝異的是，有多少人每天早上起來，陷入自我交戰，在想到底是否該遵守承諾、堅持自律或實施自己的行動計畫。

維持日常紀律的「毫無例外法則」

提到日常紀律，成功人士遵守「毫無例外法則」。一旦你百分之百承諾去做某事，絕對毫無例外。已經決定好的事不能更改、不能協商。如果我百分之百承諾一夫一妻制，那就是這樣，我絕不會東想西想。不管情勢如何，毫無例外。完結討論、關上大門、不允許任何其他可能，我不必每天拼命斟酌這項決定對錯。大局已定，木已成舟。自斷退路，破釜沉舟。如此一來，生活更輕鬆容易，而我更能保持專注，釋放出大量精力，否則這些精力就可能耗費在喋喋不休的內在自我激辯。耗費所有精力於內在衝突，對於創造其他成就來說，根本無濟於事。

如果你承諾每天運動三十分鐘，不論如何，事情就已經決定好了，你只需要去做。不管是否要出門遠行、是否在早上七點有一場訪問、外面是否下雨、昨晚是否太晚睡、行程表是否滿檔或是否你就是不想做。不論如何，去做就對了。

就好比你睡前刷牙，不論如何你總是這樣做。如果你躺在床上發現自己忘了刷牙，你會起身下床刷牙，不管你有多累或時間多晚。去做就對了。

不論你的紀律是要閱讀一小時、每週五天練習鋼琴、每天打兩通推銷電話、學習新語言、練習打字、擊出兩百個高爾夫球、做五十次仰臥起坐、跑十公里、冥想靜坐、祈禱、閱讀聖經、花六十分鐘的時間專心陪伴子女，或是其他為求達成目標的必要之事，請百分之百承諾投入這些日常紀律，終將達到你要的境地。

只有在滿月時才破例

席德．賽門（Sid Simon）是我的導師之一。他是成功的演說家、輔導員、暢銷書作者、詩人。他劃分他的時間，在夏天前往麻薩諸塞州的哈德利，在冬天前往佛羅里達州的薩尼伯爾。當年我在麻薩諸塞州大學攻讀碩士，席德是教育學系裡最受歡迎的教授。

席德把健康和體適能列為最優先的首要之務。即使年屆八十七歲，他依然定期騎腳踏車、服用營養補充劑、吃有益健康的食物。不過雖然如此，每月某一天，就在滿月時，他容許自己吃一碗冰淇淋。

我曾經參加席德的七十五歲生日慶祝會，他的家族成員超過一百人，再加上他的好友、景仰他的歷屆學生等，從全國各地前來，向他祝壽。甜點當然有生日蛋糕和冰淇淋。不過卻有個問題：那天不是滿月。為了勸誘他讓步，畢竟這是終生難得一見的特殊場合，有四個人知道席德對自己的承諾，於是他們打扮成月亮女神，進入室內，帶著一個很大的滿月，是由厚紙板和鋁箔紙製成。這樣一來，席德就有一個虛擬的滿月。

但是，即使大家熱情勸說，席德堅守自己的承諾，拒吃冰淇淋。他知道，如果自己這次打破承諾，下次有人拿冰淇淋給他，就會非常輕易打破承諾。這樣會越來越容易為他的承諾做出合理解釋、找正當理由辯解、塘塞藉口。席德知道百分之百承諾其實更容易守住，而他不願意削弱多年來的成功，就只為了搏取認同。那一晚，我們學到真正的自我紀律。

只投入九九．九%，會發生什麼事？

百分之百的承諾非常強效，也會在其他重要領域關鍵現形。比方說，在工作場合裡，若只承諾做到九九．九%的品質，意味著將會發生下列工作狀況：

- 在歐海爾（O'Hare）國際機場，每天有兩次不安全的飛機著陸。
- 每小時有一萬六千封郵件遺失。
- 每年有兩萬份誤寫的藥物處方箋。
- 每週執行了五百個失誤的外科手術。

- 每小時有兩萬兩千張支票從錯誤帳號扣除。
- 你的心臟每年無法跳動三萬兩千下！

看出來了嗎？為何「百分之百」的比率這麼重要？僅須想想，如果你能夠百分之百致力於優秀進行每件事，你的人生會變得有多好，全世界將會運作得有多好。

GLASBERGEN

我要點一份去皮的燒烤雞胸肉，但我想要你不小心失誤，附帶千層麵和大蒜麵包給我。

圖表 2-3　百分之百投入的重要

36 靠學習輕鬆掌握優勢

「如果我通曉學習，我就懂了。」

——約翰．伍登（John Wooden），加州大學洛杉磯分校傳奇籃球教練，曾經贏得十次「一級男子籃球錦標賽」冠軍

比起沒有資訊的人，掌握更多資訊的人擁有龐大優勢。儘管你可能認為，要花多年時間才可取得必要知識，變得超級成功，實際上，僅需簡單行為，就能輕鬆增進知識，成效出奇，並且大幅增強你的成就等級。這些行為包括：每天閱讀一小時、看電視時間改成學習時間、參加課程和培訓計畫等。

減少看電視，每天閱讀一小時

一般美國人每天平均看電視六小時，真是悲慘的現實。如果你也是這些「一般人」其中一員，那麼到了六十歲時，你就會浪費了十五年的人生在看電視。這是你一輩子的四分之一！你真的想花四分之一的人生，看電視裡的其他人在做什麼？看他們致富賺錢、活出夢想，而你卻成天耍廢，窩在沙發上？

我第一次見到人生導師W．克萊門特．史東，他要我剔除每天一小時的電視時間。他接著說明，僅須戒除每天一小時的電視時間，一年就能創造出多餘的三百六十五小時，來實現你最重要的任何事。這樣額外多了九個工作週，一週四十小時，也就是多了兩個月的時間！

我問他，有了多餘時間，他希望我做什麼。他說：「只要是有生產力的事都行。你可以去學新語言、極度塑身、花時間陪伴家庭、學會玩一種樂器、打更多推銷電話，或是回校進修取得學位。不過我最建議的是：每天閱讀一小時。閱讀成功人士的勵志傳記。閱讀心理學、銷售學、財經、健康保健之類書籍。研究成功生存之道。」於是我照做了。

在我的人生裡，我已經閱讀超過三千本書，為我的成就帶來重大影響力。

一流的人都有閱讀習慣

約翰．迪馬提尼博士是白手起家的富翁。他將所有諾貝爾獎得主列成一份名單，再將那些相同領域的所有偉大人物列出清單，不論是詩詞、科學、宗教、哲學等。然後，他著手閱讀他們的作品和傳記。不出所料，在我見過的人之中，約翰也是其中一位最精明能幹、英明睿智、財富成就最高的人。閱讀帶來好結果。

約翰說：「你不可能一手浸入一罐黏膠卻不沾手。同樣地，你不可能心領神會這些大師的作品，卻絲毫不受沾染。如果你閱讀流芳百世之作，增進受啟發的可能，就也越有可能萬古流芳。對我來說，成效斐然。」

吉米．羅恩（Jim Rohn）是美國一流的勵志哲學家，他在晚年曾建議我，利用每天多出來的一小時來閱讀。他教導我，如果你每週閱讀一本書，十年後，你就讀了五百二十本書；然後再過二十年，就會超過一千本書。你輕鬆就能成為名列百分之一的專家。也可多看相關領域大師的著作，你就擁有別人欠缺的優勢。

如果閱讀速度不如預期那麼快，可以考慮參加課程，不但能夠加快閱讀速度，還能加速吸收資訊。我找到的最佳資源是「影像閱讀法課程」（PhotoReading Course）*，研發者是

---

*可參考保羅．R．康利的著作《10倍速影像閱讀法》。

保羅．R．席利，在全世界許多城市都有舉辦研討會。

創造卓越人生的書單

我在第三冊的延伸閱讀網址*中，我納入一份廣泛閱讀清單，提供大家參考。像這樣飽讀群書，有助於精通人生那些領域，而這些正是攸關你幸福快樂和成就感的最核心要務。它們內含某些最禁得起時間考驗的智慧、資訊、方法論、系統、技術、成功祕訣，全都經過紀錄。如果你承諾每週閱讀一本書，複習所讀內容，運用每本書中所學的至少一件事，你會進步千里，領先其他人，創造出卓越不凡的人生。

這份清單所列書籍全都使我獲益匪淺，贏得我已達到的高等成就。其中有許多書是流傳百世的經典之作，理應構成你個人成功庫藏裡的核心。其他書籍蘊涵最近的突破性進展，範圍包括心理學、神經科學、量子力學、營養學、健康保健等。如果你負擔不起買書的錢，可向親友或圖書館借書來看。

閱讀偉人傳記，讓自己更棒

除了我在網站上提供的閱讀清單，還有一些最棒的書籍，是有關偉大人物的傳記和自傳。閱讀這些書，你將學會如何讓自己更棒。前紐約市長魯迪・朱利安尼（Rudy Giuliani）寫道：「政治傳記一直名列我的閱讀清單裡。在我青少年時期，前總統約翰・F・肯尼迪（John F. Kennedy）的《當仁不讓》（*Profiles in Courage*）令我極為印象深刻。林肯和華盛頓的傳記讓我十分著迷。我對露絲（Ruth）、蓋瑞格（Gehrig）和迪馬喬（DiMaggio）的傳記也有相同熱情。」[†] 最近在聖塔芭芭拉，我聽魯迪・朱利安尼公開演說，他告訴我們，就是因為多年前他讀了溫斯頓・邱吉爾的傳記，書裡的洞見是有關邱吉爾如何領導英國撐過第二次世界大戰的轟炸，所以二〇〇一年九月十一日恐怖分子攻擊紐約後，他才有辦法領導紐約走出來。

如果你還是想看電視，我建議你看「A＋E電視網」（A&E Television Networks）的《傳記》電視節目。這個節目以編年史方式記錄人物生平，我總是深受鼓舞。

---

* www.thesuccessprinciples.com

† 取自魯迪・朱利安尼（Rudolph W. Giuliani）和肯恩・柯森（Ken Kurson）合著的《領導》（Leadership）。

參加鼓舞人心的活動

我還記得第一次參加成功集會的情景。在場有好幾千人，求教當代許多這些偉大演說家、培訓師、激勵大師等。你也可以參加集會、會議和靜修，藉此有管道取得這些強效學習經驗。在這些活動現場裡，與會人員激動興奮、大受鼓舞，人與人之間產生連結，你也可以額外從中受益。請多加留心當地報紙上的廣告。

最近五到十年來，網路上有大量電信高峰會和影音高峰會可看，這也是另一項已發展的絕佳資源。電信高峰會成員通常有八到二十四位專家，每人各自演說一小時，為期一天或更多天。僅須在網頁瀏覽器鍵入關鍵字「電信高峰會」（telesummit），就會找到許多主題的電信高峰會。

活到老，學到老，謙虛受教

「謙恭為懷，學習成效更佳。謙遜是最令人激賞的態度了，至少事實如此。」

——約翰·唐納（John Donner），埃培智集團有限公司（Interpublic）

董事長及首席執行長

撰寫此書期間，某次我搭機前往拉斯維加斯，旁邊乘客是史基浦・巴柏（Skip Barber）。史基浦是訓練師，教人在實際的賽車條件下，如何駕駛高性能車輛。我向他請教，他最厲害的學生靠什麼變得傑出，他回答：「傑出的學生都虛心受教。他們開放心胸學習。那些不傑出的學生自認已經明瞭一切，再也不想學任何事。」

活到老，學到老，請謙虛受教。別再想著「我全都懂了」，就只為了看起來一切沒事，反而要敞開心胸，把自己當成學生。有些人已經做過你想做的事，他們有權說話，請你好好傾聽。

我想起比利・夏普博士（Dr. Billy Sharp）。當年我在克萊門特史東夫婦基金會任職，他是我的主管，也是我見過其中一位最睿智的人。每次他拜訪外部顧問，我與他一起參加會議，比利總是出奇安靜。某一天，我問他，在這些會議裡，為何他不常開口說話？他的回答不但發人深省，還教導我為何他懂這麼多事情。他說：「該懂的事，我已經懂了。如果我出言讓人印象深刻，我就學不會任何新事物。我想學會他們所知的事。」而他總是如此。

「就算機會尚未出現，也要事先準備就緒，總比已有機會卻沒準備來得好。」

——惠特尼．楊（Whitney M. Young Jr），
美國民權運動領袖，曾獲頒「總統自由動章」

《夢想改造一生》（*Live Your Dreams*）作者萊斯．布朗娓娓道來，他如何夢想成為廣受歡迎的邁阿密音樂節目主持人。他說：「一開始著手，我毫無頭緒，不知怎麼去做。但是我知道，只要我準備好，蓄勢待發，善加利用機會，人生就會出現轉機。」

萊斯跟隨他的高中文法老師學習，盡其所能，學會語言學相關事務。他們一起努力改善萊斯的說話聲音。不久之後，萊斯開始發展出自己獨特的順口溜直播風格，在學校假裝他正在廣播節目演出。他尋求導師，由對方幫他準備就緒，等候擔綱廣播主持人時機到來。高中畢業後，雖然萊斯擔任城市清潔工賺取薪資，他依然堅持不懈，最後終於找到大夜班辦事員工作，地點是某家赫赫有名的邁阿密廣播電台。

萊斯馬上利用這項機會，學習更多事情。他盡可能吸收所學，與音樂節目主持人和工程師往來。他在臥室用厚紙板自建一個臨時播音室，然後在裡面練習他所學到的東西。他把梳子當成麥克風。最後，在某天晚上，一位主持人臨時有事先走，節目中斷，萊斯終於有機會擔任播音員。

時機到來，萊斯不但上節目播音，還準備大展身手。他一直努力發展出自己的風格、

順口溜、對白和廣播技巧，立即發揮作用。萊斯一鳴驚人，後來晉升為候補的音樂節目主持人，最後終於成為全職的音樂節目主持人，有自己獨立的廣播節目。

學習新技能，隨時準備好

如果你是業界專家，並且相信在全國大會舉辦一場研討會後，自己的顧問事業將會平步青雲，為何不從現在開始準備？何不撰寫你的演說腳本、加入國際演講協會、寫出講稿大綱並練習演說，然後準備好站在講台上？

如果想要工作升遷，何不問你主管，要怎樣才可獲得升遷？或許你必須回校進修，取得企管碩士學位。或許你必須有一年的會計資歷。或者你必須學會最新的軟體。去做吧！等到下次晉升機會來臨，你就能說：「我準備好了！」

你是否需要學會另一項外語？你能否發展進階技能、更多資源或新的聯絡人？你是否必須讓自己體態更佳？你是否應該擴展商業技能、銷售技巧或協商技能？你是否在學習新的電腦技能，像是使用PowerPoint、Keynote、平面設計軟體、Photoshop、Excel等？你是否需要學打高爾夫球，以便在高爾夫球場與人談生意？與配偶一起上舞蹈課，是否將會改善你的家庭生活和婚姻關係？是否在學駕駛遊艇或是打網球？是否必須學會一種樂器、去上表演課程，或是學會改善寫作技巧，達到你想要的境地。

不論需要做什麼才可準備就緒，現在就開始，列出十大項你能做的事，以便準備就緒，靜候佳機。挪出時間去上課、閱讀書籍、取得新技能，現在就去做。要有模有樣，早在入場之前，就要看起來像是箇中好手。

萊斯．布朗的故事教導我們，一切所需的只是熱情、毅力和信念，相信有一天機會終究來臨。現在就開始準備就緒！

「該怎麼過去？」

圖表 2-4　做好準備

參加潛能訓練，打破慣性模式

「除非付諸實行，否則改變不了任何事。」

——佚名

想像一下，你突然發現，自己正在緊踩煞車駕駛前行。你會踩油門踩得更大力嗎？不會！你只會鬆開煞車，瞬間速度變快了，不須消耗任何多餘精力。多數人緊踩煞車不放，過完整個人生。現在正是時候，釋放讓你裹足不前的局限信念、情緒阻滯、自毀行為。

除了前文已經提過的技巧，還有兩種最強效的鬆開煞車方法：「個人發展訓練」與「個人療法」。如果要我把成就歸功於任何事，可能是過去五十年來，我已經參加過好幾百場個人發展研討會。我們所有人（包括我在內）皆需外在影響力，幫我們打破積習難改的慣性模式，協助創造出新的思考方式和行為舉止。

讓團隊每個人持續學習

最近，我在網路上看到一篇精采佳作：某公司的首席財務長問首席執行長：「萬一我們投資於人力開發，但是這些人才離職了，會怎麼樣？」首席執行長回應：「假如我們不投資在人力開發，而這些人一直待在公司，又會怎樣？」

想在現今世界保持競爭力，絕不能只是專注自己的學習和發展，還要把焦點放在你團隊成員的發展。不論你是大型公司的首席執行長、中型規模公司的負責人、地區銷售經理、小型創業家、校長或傳銷下線的領頭羊，都必須確保你組織裡的每個人持續學習，成長茁壯，否則你和你的組織到最後會跟不上別人。

在日本，一般員工每年接受的訓練天數遠超過美國的員工。或許這也是其中一項原因，可以說明日本企業在美國有很大的市占率，不管是汽車、相機、家電產品市場都是如此。想想看有哪些日本品牌？車輛品牌有豐田（Toyota）、本田（Honda）、日產（Nissan）、馬自達（Mazda）、速霸陸（Subaru）、凌志（Lexus）、謳歌（Acura）、英菲尼迪（Infiniti）、普銳斯（Prius）、山葉（Yamaha），相機品牌有佳能（Canon）、尼康（Nikon）、賓得（Pentax）、奧林帕斯（Olympus）、富士（Fujifilm）、先鋒（Pioneer）、索尼（Sony）、國際牌（Panasonic）、夏普（Sharp）等。

投資建造一個圖書館，供人借閱書籍、光碟片和DVD。派遣員工去接受訓練。聘僱培訓師進行公司內部訓練。同時兼顧個人發展和專業發展的訓練。

致力於終生自我精進

要知道，世界充斥大量知識與資訊，正以無法想像的步調急速增長。事實上，據說過去十年來，所有的人類知識已經翻倍增加。預料這股趨勢不會慢下來。

更驚人的是，那些可讓你功成名就的資訊，也就是教你如何處於專業職涯領先地位的資訊，正以相同速度演化。這也就是為什麼，你絕對必須致力於終生自我精進和學習，要改善你的心智、增進你的技能、提高你的能力，吸收並運用所學之事。

37 學習大師的思維與態度

「自我激勵，責任在己，成功人士懂得這一點。先從自己開始著手，拾起關鍵之鑰，啟動開關，點燃鬥志。」

——凱蒙斯．威爾遜（Kemmons Wilson），假日酒店創辦人

現今，受到媒體、父母、學校和文化的洗腦，我們許多人都有局限的信念，像是「這不可能，我不值得」之類想法。這種先入為主的制約通常如此根深柢固，所以需要持續的外在激勵，以克服數十年來的負面作用，才可轉為

GLASBERGEN

你在工作的時候，我在聽某些勵志有聲書。
我已經決定，要成為「偉大的戴恩狗」

圖表 2-5　向大師學習

更加成功導向的思維和態度。

僅是參加週末研討會，這還不夠。閱讀書籍或看培訓輔導影片，也是不夠。成功人士真正在做的是什麼事？他們每天聽舉世聞名激勵大師的有聲節目，不管是在車子裡、家裡、辦公室裡，即使每天只花十五分鐘。

善用各種零碎時間學習

一般人平均每天通勤半小時，前往上班，然後下班。五年後，你待在車子裡的時間總計一千兩百五十小時。這樣的時間足以讓自己完成同等的大學教育了！不論你是開車或坐火車通勤，或是騎腳踏車，或者外出慢跑，請聆聽影音錄製品，能為你帶來所需的優勢，在人生幾乎各方面領域，皆能超越群倫。你能夠保持鬥志激昂、學會某種語言、學習管理技能、學會銷售和行銷的策略、學習改善溝通方式、懂得全人健康等。甚至還能探索世界最具影響力的實業家、企業、泰斗、不動產大亨和創業家的成功祕訣。

利用聽書，把知識化為行動力

事情就這樣開始，當時某位同事請艾蓮．佛斯（Elaine Fosse）幫忙某位籌款人，協助華盛頓州塔科馬市的「福特路易斯家庭支援團體」。她那時候忙著全職工作與修習學士學位，實在沒有多餘時間下廚做烤餅義賣。於是她轉而選擇色澤鮮豔的自製沙拉醬，這是她二十多年前最擅長的東西。所以她用四個已經回收消毒過的瓶子，包裝了一批覆盆子佐料，貼上可愛標籤，在頂端綁上酒椰色帶。第一批自製產品出售後，訂單開始湧入。接下來十八個月，她還在其他市集和烤餅義賣會擺攤銷售，為部隊籌募款項。

她的產品有著高端利基，絕佳美味，不含乳製品、醬油、鹽分、麩質、防腐劑、添加劑，而且低糖又低卡路里。她推論自己的沙拉醬可有更大市場規模。開創事業，夢想開始逐漸成形。但是在她決心放手一搏之前，她想要測試水溫，避免淪為另一個不成氣候的事業，所以她決定到農貿市場出售她的沙拉醬。

她鎖定的市場位於華盛頓州貝爾維尤市與俄勒岡州加農海灘，需要長途開車往返，往兩個方向都需要耗費兩小時以上。她在想，或許她可以利用開車在路上的時間，研究取得洞見，深刻了解如何擴大事業，成長茁壯。

她找了很多有聲書，然後在巴諾書店找到本書的光碟片。聽了第一片光碟後，她就深感著迷。每當她駛離私人車道開始長途旅程，就會把一片光碟放進播放器，在她抵達市場時，她變得精力充沛。

華盛頓州和俄勒岡州的天氣大多不穩，站在棚子底下簡直苦不堪言。有時候，豪雨傾瀉而下，暴風狂吹兩側，而她只能坐在凳子上，看著水勢高漲到她腳邊。但是顧客依然前來。一天結束後，她全身濕透，發冷顫抖。其他時候，她站在酷熱的人行道上，即使溫度高達攝氏三十八度，依然努力看起來神清氣爽又容光煥發。

有時候，自我懷疑、驚慌恐懼和沮喪挫敗的感覺潛入心中。不過，她已經從本書學到幾課，也就是「感受恐懼，不論如何也要去做」、「視覺化」、「擬真演練」、「額外付出心力」等。

與其棄械投降，她把這些準則付諸實行。她創造美觀的展示排列，設置大型標誌，在桌上多放鮮花。她面露微笑，以正面態度問候每位潛在顧客。她學到的是：問題不在於障礙，而是個人對障礙的反應，造就了截然不同的結果。

每次她都挑選新東西來激勵自己，不同時機有不同東西，但總是正好是她迫切需要的東西，例如：「擬真演練」。

她實踐「擬真演練」的準則。每次只要開車經過貝爾維尤市場附近的「全食超市」（Whole Foods），她都會告訴自己：「我的產品即將在超市上架。」有時候，她會走入超市走道，看到成排的沙拉醬，覺得氣餒，但即使面臨這麼多競爭對手，她依然內心大聲重複默念正面肯定句。

雖然她不清楚到底該如何讓店家上架她的沙拉醬，也不懂要怎麼做才行，艾蓮拒絕舉債、聘請經紀人或是付費上架。相反地，她拓展自己的產品線，口味包含黑莓、蔓越莓、紫藍莓，每種口味附帶有機版本可供選擇。與此同時，她依然把「進軍全食超市」的夢想放在最重要的位置，縱使她大把花錢製作引人注目的標籤，在十幾家其他商店上架她的沙拉醬，而且網路銷量日漸增加。

然後事情發生了，答錄機有一通留言：「我是丹尼斯，來自貝爾維尤全食超市公司辦公室。我聽說過你的產品，我們很感興趣。」

她心臟跳得很快，差點說不出話來。她內心想著：「居然奏效了！真的發生了！所有這些準則最終有了收穫！」

丹尼斯邀請她到全食超市參加面試。她帶齊所需物品，以便留下深刻印象。她心跳加速，攤開一張時髦嶄新的桌布，準備展示她的產品。她說：「看到我的沙拉醬在全食超市上架，是我的目標，也是夢想。」她拿了試吃樣品給丹尼斯，然後繼續說話：「我研究過貴公司及其願景，而我真的很想看到我的產品出現在貴公司架上。丹尼斯品嘗她的沙拉醬，她屏息以待。然後她眼睛睜得大大的：「太棒了！七種口味全都上架？」

有了丹尼斯擔任她的嚮導和導師，現在華盛頓州和奧勒岡州所有的全食超市架上，都可看到她的沙拉醬，她覺得很光榮。目前他們正在商討，可能會在加州門市上架她的沙拉醬。她最近告訴我：「我甚至正在夢想著更偉大的夢想。進軍全國的全食超市？電視廣告行銷？邀請事業夥伴加入？不論我決定什麼，我知道自己一定辦得到。畢竟，我花了無數時間聆聽本書，已經從中汲取所需知識。」

「鬥志當然不會永遠持久。就像戰鬥澡一樣，不會太久。不過確實應當定期燃起鬥志才對。」

——吉格．金克拉（Zig Ziglar），勵志演說家、《與你在巔峰相會》（*See You at the Top*）作者

勵志影音節目，任何時空都能學習

你可以在「成功準則」網站上的推薦閱讀和其他資源中找到我最喜歡的勵志音頻節目列

表，我們會不斷更新關於成功、財富、健康、人際關係等推薦音檔。

我也強烈推薦我自製的五部影音課程，幫助大家在人生各方面變得更為成功。這五套課程是：《最大的信心》（*Maximum Confidence*）、《自尊與巔峰表現》（*Self-Esteem and Peak Performance*）、《心靈雞湯：關於勇氣》（*The Aladdin Factor*）、《成功準則：從目前境況到夢想之地的三十天旅程》（*The Success Principles: A 30-Day Journey from Where You Are to Where You Want to Be*）、《成功輕鬆不費力》（*Effortless Success*）。*

圖表 2-6　聽勵志音檔

38 真正的熱情來自內在

「熱忱是最強力的成功引擎。去做某事，務必全力以赴。全神貫注，投入其中。在上面烙印你的私人個性。要積極主動、精力充沛、熱情虔誠，即可實現目標。偉大的事皆須熱忱才可達成。」

——拉爾夫．沃爾多．愛默生（Ralph Waldo Emerson），美國隨筆作家及詩人

熱情出自你的內在，為你源源不絕提供所需的熱忱、專注和精力。使人感覺良好的動機是出自外在來源，但真正的熱情卻非如此，而是一種更為精神上的本質。真正的熱情來自內在，可當作管道，導入令人驚豔的成功事蹟。

*在 www.jackcanfield.com 這個網站全都可以找到。

熱情的表現方式

「熱忱」的希臘文意指「充滿神光」。精神飽滿，心靈充實，你自然就會受到鼓舞，熱情洋溢。有時候，這樣的熱情會以思維活躍又精力充沛的方式自行展現，就像冠軍運動員充滿活力，宛如「點燃火花」。其他時候，真正的熱情是以較為平和沉著的方式自行展現，就像德蕾莎修女的熱情，照料印度加爾各答瀕死之人的需求。

毫無疑問，你認識或曾經遇過很多人，他們對人生充滿熱情，對工作充滿熱忱。他們迫不及待在早上醒來，展開全新一天。他們熱切渴望，精力充沛，志向滿滿，全心投入自己的使命。這樣的熱情源自於熱愛享受自己的工作。發揮天生才華去做，熱情油然而生。遵從內心渴望，信賴你的喜悅當作嚮導，熱情源源不絕。關照自己所作所為，從中產生熱忱與熱情。如果你愛自己的工作，樂在其中，你就已經成功了。

贏在做自己熱愛的事

我的兒子卡爾（Kyle），又名埃爾．庫爾．卡爾（Elokool Kyle），是加州柏克萊的繞舌歌手。過去十八年來，為求成功，他在財務方面很辛苦，儘管如此，他已經創作十張完整版唱片，在伍德斯托克搖滾音樂節表演，為饒舌音樂界巨星KRS-One與「全民公敵組合」（Public Enemy）擔任暖場演出；與他一起合作過的人有瓊・拜亞（Joan Baez）、侏羅紀5（Jurrassic 5）、人口爆炸樂團（Dilated Peoples）、最強唱盤主義團體（the Beat Junkies）、黑膠樂隊（Blackalicious）、嗜酒成性合唱團（the Alkaholiks）、自由風格團體（Freestyle Fellowship）、尼日利亞裔鼓手巴巴通德・奧拉頓吉（Babatunde Olatunji）、美國饒舌歌手和唱片製作人馬斯達・艾斯（Masta Ace）；在舊金山ＫＰＯＯ廣播電台擔任客座ＤＪ；在加州里奇蒙市的里奇蒙高中擔任老師，教導饒舌歌曲歷史、文化與製作。

他頑強追逐夢想，從未放棄自己的藝術。

所以，即使卡爾從未因此賺大錢，而且出了加州舊金山灣區也不算是饒舌歌曲超級巨星，但是他已經很成功了。因為只要你樂於去做自己所愛的事，你就已經贏了。只要以熱情和毅力去做鍾愛的事，你已經有了成就。縱使你從未一舉成名，那又怎樣？不管如何，你始終做自己喜歡的事，樂趣滿滿。

熱情教學，為學生注入新活力

哈伯特小學（Hobart Elementary School）是全美國第二大間的小學，地點位於洛杉磯附近區域，經常有幫派出沒，毒品氾濫。在雷夫．艾斯奎斯老師（Rafe Esquith）的課堂裡，所有這些五年級學生的母語並非英文，但是比起校內其餘學生，他們數學和閱讀的成績都高出五十分。透過學會表演莎士比亞戲劇，他們促進自己對英文的理解力和精熟度。至今為止，哈伯特小學的莎士比亞課已經演出十五部全本戲劇，總是高朋滿座，觀眾範圍從白宮到內地城市都有，其中不乏熱情支持者，包括演員伊恩．麥克連爵士（Sir Ian McKellen）和哈爾．霍爾布魯克（Hal Holbrook）在內。

走進雷夫的教室，就會注意到，黑板上面掛著一條大大的橫布條，上面寫著「沒有捷徑」。旁邊有「名人牆」，展示多面來自史丹佛、普林斯頓、耶魯和加州大學洛杉磯分校的錦旗，他有許多學生到這些大學修習高等教育。來自全世界各地的學校官員坐在他教室後面，觀摩現場發生的教育奇蹟。雷夫不但獲得迪士尼的「全國年度教師」榮譽，也是史上唯一獲頒「美國國家藝術勳章」的老師。伊麗莎白女王將他譽為大英帝國的成員，這是在正式場合授予非英國公民的最高頌讚。

三十一年來，這位公立學校老師高瞻遠矚，熱心奉獻，每年工作五十二週，每週六天，一天十二小時。到底是什麼點燃了他的心？是熱情和熱忱。為數百名學童帶來文學、戲劇、音樂、科學、數學等方面的喜悅，以及純粹的老派樂趣，他最愛的事莫過於此。成效如何？他為學生注入新的活力，使他們自己快樂學習、提高自尊，同時提振學術表現。雷夫這樣說：「我是一個非常平凡的人，做出明智的舉動。現今，系統化的平庸做法和均一性造成教育慘敗，有這麼多潛力良好的老師被輾壓為僵化的機器人，但我不容許自己變成這樣。我保持自己的精神，在課堂上活生生展現個人熱情。身為莎士比亞的愛好者，我將這份興奮之情傳承給熱切渴望的年輕心靈。學校附近充滿失敗與絕望，但是成功與卓越已經變成標準常規，而非規則上的例外。況且最棒的是，孩子們與我享受極佳的美好時光，一起勤奮努力，攀登最高巔峰。人生精采絕倫。」*

---

* 如果想要閱讀有關熱情和熱忱的勵志故事，請買雷夫．艾斯奎斯（Rafe Esquith）的《沒有捷徑》（*There Are No Shortcuts*）和《第五十六號教室的奇蹟》（*Teach Like Your Hair's on Fire*）。至於真正的樂事，請見雷夫的TED-ED影片《雷夫老師的莎士比亞課》（*Ladies and Gentlemen, the Hobart Shakespeareans*），可在YouTube找到。由於她對教學和學童的熱情，另一位老師瑪法．柯林斯（Marva Collins）也造就奇蹟。請見瑪法．柯林斯和希維婭．塔瑪金（Civia Tamarkin）合著的《馬法科林斯的方式》（*Marva Collins' Way*）。

如何培養熱情？

在你人生最重要的領域裡，要如何培養熱情？姑且讓我們先看看你的生涯。工作占了你每週絕大部分時間。根據蓋洛普民調（Recent Gallup）與美世（Mercer）諮詢公司研究報告，有三分之一的美國人全都覺得其他工作較令人快樂。請捫心自問：「我做的是自己熱愛的事嗎？」

如果答案為否，而且你有選擇去做任何想做的事，那件事會是什麼？如果你相信自己無法靠那件事賺錢維生，那就想像你剛中了樂透，買下豪宅、勞斯萊斯汽車、所有玩具和你想去的旅行後，你要拿你的日子做什麼？你現在做的是什麼，或是做不同的事？

我認識的大部分成功人士，都這麼熱愛自己做的事，實際上還願意無償去做。但是他們之所以成功，是因為找到方法，去做所愛的事，並且依此維生。

如果你的技能尚未足以去做你熱愛的工作，請騰出時間學習，讓自己備妥能力。不惜一切代價也要努力準備好。可以到夢想職業打工或擔任實習義工，同時依然維持目前的正職。

也要注意辦公室以外的時刻，在這些時刻裡，你覺得最快樂、喜悅、充滿活力、受到認可和欣賞，並且最能將自己與人連結。在那些時刻裡，你正在做什麼事？你正在體驗什麼？這些活動都是指標，指出有哪些方法，能在你的日常工作之外，為你人生帶來熱情。這項指標說明了你拿時間做什麼事最快樂。

重新連絡你的原始志向

熱情是強而有力的成功工具，按照此理，你應當持續在這方面努力。有了熱情，不再度日如年。熱情有助於事半功倍，幫助你做出更好的決定。熱情也會為你吸引他人，這些人想要認識你，助你成功。

所以你要如何每天保持熱情和熱忱？最顯而易見的就是：要花更多時間，去做你熱愛的事。如同我在起初討論的，這包括「發掘你的真正志向」、「釐清你真正想去做、想要擁有的事」、「相信你可以做到，而且能夠擁有」、「刻意創造你的夢想生涯」、「將你天生最不擅長的事盡量授權委派給其他人」、「採取具體步驟，往實現目標邁進」等。

維持熱情和熱忱，另一項關鍵在於：重新連結你的原始志向，去做你要做的任何事。有些事感覺像是「必要」而非「想要」，一旦看穿這些事表面潛藏底下的意義，你將幾乎總是發現，其中有你熱情關切的深層目的。帶著小孩，坐在兒科醫師候診間，或許讓你覺得不耐煩，但是如果深入探究，你難道不是熱情關切孩子的健康和福祉嗎？捫心自問：在我所做所為潛藏的原因到底是什麼？如果你能連結這一點，那麼不論你理所當為哪些事，要保持熱忱，就會變得更輕鬆容易了。

你會發現，你自覺不得不做的所有事情，其實正是你所做的選擇，有助於實現某些更崇高的目的，例如：養家活口、創造未來保障、不再坐困牢籠、對你的健康和長壽有所助益等。一旦明瞭這些是你做的選擇，就會明白自己能夠再多做一項選擇，而這是有關態度的選擇。縱使你與三個陌生人困在電梯裡，你也能選擇自己的態度。你可以選擇發怒抱怨工作沒做完，或是當作一種機會，深入認識一些新的人物。選擇權在你。何不選擇以喜悅和熱忱去做每件事？一切選擇由你決定。

展現熱情和熱忱，你對別人而言就是一塊磁鐵，吸引他們受到你高層次能量的影響。他們想要參與你做的事、與你一起工作，並且支持你的夢想和目標。因此，他們帶來額外的人力和資源，意味著你能在更短時間內，終於完成更多事。

第3章

打造成功團隊

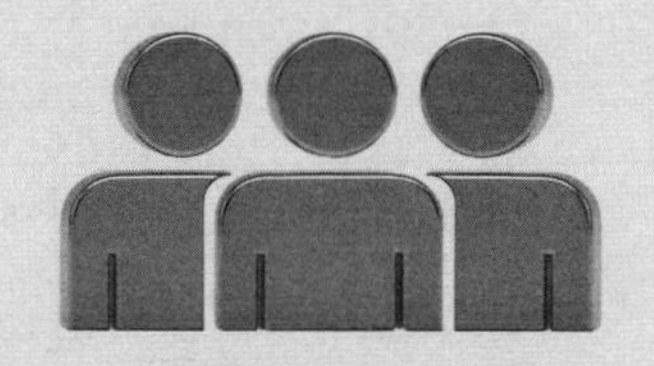

「獨木難支，團結力量大。」

——海倫．凱勒（Helen Keller），

美國作家、講師暨聾啞人士擁護人

39 不要任何事都事必躬親

「去做想做的事，成功隨之而來。成功之道無他，僅此而已。」

——馬康．富比士（Malcolm S. Forbes），《富比士》雜誌發行人

我相信各位內在都有核心天賦。這是一種你熱愛去做的事，而且做起來得心應手，絲毫不覺得需要吩咐別人代勞。對你來說，這件事輕鬆不費力，充滿極大的樂趣。而且如果可以藉此賺錢，它就變成你的終生志業。

成功人士相信這一點。這也就是為什麼，他們把自己的核心天賦列為優先，聚焦於此，然後把其他事務授權委派給團隊裡的其他人。

相較之下，世界上其餘的人做盡一切，茫然度過人生，縱使自己並不專精此道，或是這些工作可由他人代勞，而且價格更便宜、成效更好、速度更快。他們找不出時間聚焦於自己的核心天賦，因為他們就連最枯燥乏味的工作也事必躬親。

你自覺不情願做的事情，也就是你討厭去做的事，或是讓你到頭來不停拖延的痛苦任務，**一旦你把這些事委派他人去做，就能專注在自己熱愛去做的事**。你空出自己的時間了，如此一來，你變得更有生產力，能夠更加享受人生。

那麼，為何將例行工作與討厭的專案授權委派他人，對大多數人而言是如此困難？大部分的人就只是害怕放棄掌控權，或不甘願花錢付費求助。深入探究原因，大多數人就是不想放手。

其他人（很可能就是你）僅是落入「事必躬親」的習慣。你會說：「要向人解說這件事，太耗費時間了。反正我自己去做，速度更快，做得更好。」但是你真的做到了嗎？

把自己不擅長的事完全委派

如果你是專業人士，每小時賺一百二十五美元，而你支付時薪十美元給鄰居小孩，請對方代為割草，你在週末就能省下力氣，不必親自去做；你還賺到額外一小時，從中盈利一百一十五美元。當然，一小時看起來不多，儘管如此，若以春季和夏季至少二十星期來加乘計算，你就會發現，一年多出二十小時，每小時可賺一百一十五美元；也就是說，可能多賺了兩千三百美元。

同樣地，如果你是房地產仲介，你必須列出房屋物件、蒐集資訊、造表編目、帶看房子、展示物件、把鑰匙放在有鎖的箱子裡、寫下報價、安排預約等。如果你夠幸運，最後就能成交。

但是，假定你是該區最厲害的成交者。為何你想浪費時間，寫出物件清單、蒐集潛在客戶資料、把鑰匙放入密碼箱、製作房屋介紹影片，而不是請某位同仁或助理代勞所有事情，然後你就有更多時間達到更多成交筆數？與其一週僅成交一筆物件，你可以成交三件，因為你已經把自己不擅長的事委派他人了。

進行「完全委派」，是我所用所教的其中一項策略，簡單來說就是指：**你一次充分授權，委派他人進行某項任務**，而非在不同時刻分次委派。

我在加州聖塔芭芭拉市有一棟房產，曾經請園丁來處理。我說：「我希望你使用我提供的預算，盡可能讓我家庭院看起來像加州蒙特西托市（Montecito）比特摩爾四季度假飯店（Four Seasons Biltmore）的庭院一樣。」我去四季飯店時，不需檢查樹木是否需要修剪，或是自動灑水器是否正常運作。別人會掌管這些事。所以，我也想要家裡享有同等奢華。我說：「請以這個概念當作執行的原則，預算在這裡。庭院給你掌管。如果我有絲毫不滿意，我會讓你知道。如果我再度覺得不滿意，我會另請他人。你覺得這樣的協議行得通嗎？」

事實上，我的園丁非常興奮。他知道我不會事事干涉，而我也明白自己不須再擔心或煩惱此事。了解我的意思嗎？完全委派。

有一年，我的姪女來與我們同住，在她一邊就讀當地社區大學的同時，我們進行另一項完全委派——採買雜貨。我們跟她說，只要她願意每週採買雜貨，她可以自由使用我們的廂型車。我們提供一份主要清單給她，內容是這間房子常常需要的物品，像是雞蛋、奶油、牛奶、番茄醬等。她的工作就是要每週核對一次，若有任何東西快要用完，就去補貨。此外，我的妻子規劃三餐，並且讓我姪女知道她想要哪些主菜品項，像是魚類、雞肉、青花菜、酪梨等。因為一次充分授權委派這項任務，那一年省下我們好幾百個小時，我們用來專心寫作、運動、陪伴家人、休閒娛樂。

釋出更多時間做熱愛的事

「不努力去做最熱愛的事並藉此維生，是人們人生中犯的最大錯誤。」

——馬康・富比士

丹．沙利文（Dan Sullivan）是策略教練，他曾說：「所有創業家其實都是高明詐欺師，他們讓其他人掏錢出來，供他們精進練習自己熱愛的事。」*

想想看。

老虎．伍茲熱愛打高爾夫球。很多人掏出一大筆錢，請他打高爾夫。每次他上場比賽，他又學會如何精進球技。他不斷練習，和其他高爾夫球手相互切磋，同時還可從中賺錢。

安東尼．羅賓斯是演說家暨培訓師。他熱愛演說和培訓。他籌劃自己的人生，由別人持續支付大筆金錢，讓他得以去做自己熱愛的事。

或者也可看看底特律老虎隊的偉大球員米格爾．卡布瑞拉（Miguel Cabrera）。只要他能打到球，僅需一秒鐘就能擊出全壘打。他每年打擊時間大約四十四秒，就能賺到兩千兩百萬美元。所以他實在超級擅長擊球，這就是他的生財之道。他把時間全都投入這裡——不斷練習，準備用球棒擊球。他已經找到自己的核心天賦，利用絕大多數的清醒時刻，完善他的天賦才情。

當然，我們大多數人無法與老虎．伍茲、安東尼．羅賓斯或米格爾．卡布瑞拉等人相提並論。不過事實上，我們可以從他們的聚焦層次學到不少事。

舉個例子，許多業務員花費較多時間進行客戶管理，而不是拿來打電話推銷業務。但他們大可僱用兼職管理人員，或是與另一位業務員分攤費用，來進行這項耗時的細瑣工作。

大多數女性主管花費太多時間處理家務，而其實她們可以將這些任務委派給清潔公司或兼職保母幫手，既輕鬆又不貴，藉此增加自己的時間，更加聚焦於自己的事業，或是花更多時間陪伴家人。

遺憾的是，大多數創業家花不到三〇%的時間聚焦於核心天賦與獨特能力。事實上，到了創業家建立事業時，他們通常看似做盡一切，但卻非開創事業之初原本最想做的那件事。千萬別落入這樣的命運。請辨識你的核心天賦，然後完全委派他人處理雜務，釋出更多時間，專注在你熱愛去做而且非常擅長的事。

發揮才華，錢財隨之而來

「以『賺錢』為出發點，是人生最大錯誤。去做你能發揮才華的事，只要做得夠好，錢財自然就來。」

——葛麗亞・嘉遜（Greer Garson），英國女演員、奧斯卡最佳女主角獎得主

* 我很感謝丹・沙利文，他為本節和下一節提出許多想法。

黛安娜．威廉納茲．溫特沃斯（Diana von Welanetz Wentworth）就是這樣的人，總是聚焦於自己的核心天賦，同時遵從內心，也因此大獲成功。烹飪食物，與人齊聚一堂用餐，深度共享食物滋味，一直都是她最大的樂趣。她不斷尋求與此相關的更深層的連繫，並稱之為「餐桌旁的慶祝感」。於是她展開事業生涯，著書立言，教人如何舉辦派對，預先備齊一切，如此就能實際享受當下，與你邀請的來賓培養更深層的人際連繫。

然後在一九八五年五月，她前往蘇聯出差，同行人員是一群人類潛能運動方面的領袖。她注意到，大多數情況下，這些人全都喜歡獨來獨往。即使他們因其著作而相當出名，對世界很有影響力，但是他們不認識彼此。回國之後，她終於明瞭，她的終生志向一直攸關人際連繫，而非僅止於食物。她只不過利用食物當催化劑。

頓悟啟蒙後，她創辦名為「內在優勢」（The Inside Edge）的組織，主辦每週早餐會議，地點在加州比佛利山、橘郡、聖地牙哥等等，來自全國各地組織的遠見人士齊聚一堂，針對人類潛能、靈性、意識、世界和平等議題，分享自己的知識和智慧。講師人士包括我與馬克．維克多．漢森、勵志專家安東尼．羅賓斯、管理顧問肯．布蘭查德、演員丹尼斯．韋弗（Dennis Weaver）、參議員牧師里歐．布斯（Reverend Leo Booth），以及作家蘇珊．傑佛斯和丹．米爾曼（Dan Millman）。除了聆聽勵志演說家的演講，與會人員還可拓展人脈，鼓勵彼此追尋更遠大的夢想，並且支持彼此的專案。十八年後，橘郡分社依然持續每月舉辦兩次聚會。

黛安娜繼續寫書或與人合著無數書籍，包括《心靈雞湯之心靈食譜》（*The Chicken Soup for the Soul Cookbook*），整合她對食物與人的熱愛，分享他們的概念、智慧和故事。

「別問世界需要什麼。捫心自問，何事讓你活躍起來，然後去做那件事。因為世界需要的是朝氣蓬勃的人們。」

——霍華德·瑟曼（Howard Thurman），作家、哲學家、神學家、教育家

40 為自己打造時間系統

「世界進入了新的時區，眾人必須做出調整，其中最困難的即是自己對於時間管理的基本觀念和信念。」

——丹・沙利文，策略教練公司（The Strategic Coach）創辦人暨董事長

我認識不少非常成功的人，他們創造出優異成果，並依然在工作、家庭與娛樂之間保持平衡。為了達到這一點，他們運用一套獨特的規劃系統，把時間安排得結構嚴謹，他們將日子分成三種非常不同的類型，預先排定行程表，確保自己的努力獲得最高回報，同時還能擁有大量空檔時間，追尋自己的個人興趣。

丹・沙利文是策略教練公司董事長，創造了一套「創業家時間系統」（The Entrepreneurial Time System®）*，我用過這套系統。它把你所有的時間分成三大類型的日子：聚焦日（FOCUS DAYS®）、緩衝日（BUFFER DAYS®）、自由日（FREE DAYS®）。

聚焦日：八〇%的時間運作核心天賦

在「聚焦日」這一天，你花費至少八〇%的時間，運作你的核心天賦或主要的專門知識領域，與人互動或應付流程，而你可藉由投入時間來獲得最高回報。為求成功，請務必排定更多聚焦日，穩住自己，產出結果。

在前面章節，我們討論「核心天賦」，這是一種你熱愛去做的事，而且極為擅長，就算沒人付錢給你也心甘情願；對你而言輕鬆不費力，充滿樂趣。況且，如果你能夠藉由此道賺錢，就會以此做為終生志業。核心天賦就是你天生的才華，正是你可以閃閃發光的領域。

我的天賦領域是演說、培訓、主持研討會、教練輔導、寫作和編輯。我做這些事，輕而易舉，如魚得水。進行時，我專注其中，大多數錢財都是憑此賺得。對我來說，在「聚焦日」這一天，我會花費八〇%的時間，收費發表演說或主持研討會，寫作或編輯某本書（就像這本一樣），開發一套新的有聲課程或影音課程，或輔導某人達到更高層次的成功。

＊「創業家時間系統」及「聚焦日、緩衝日、自由日」版權全都註冊在「策略教練公司」（The Strategic Coach, Inc.）名下，使用需通過書面申請。

對於珍奈特・斯威策而言，「聚焦日」是用來為客戶提供諮詢服務，討論他們的收益產出系統、開發知識產品，或是向一群顧問和企業主演講，幫助他們了解如何大幅激增收入。

至於你的「聚焦日」，可能是用來設計新的服飾產品線、撥打推銷電話、協商交易、製作一份貸款方案寄給抵押放款銀行、繪畫、表演，或為某家非營利組織撰寫一份補助金提案。請盡力完成所有能做的事，方可增加「自由日」天數。

圖表 3-1　透過規劃時間，創造優異成果

緩衝日：為「聚焦日」和「自由日」做準備

在「緩衝日」這一天，你會為「聚焦日」或「自由日」做準備和規劃，你可能會在這一天學習新技能、找出新資源地點、訓練自己的支援團隊、授權委派任務和專案給其他人或旅行至工作場地等。「緩衝日」確保你的「聚焦日」盡可能地有生產力。

對我來說，「緩衝日」可能是用來參加研討會，改進我的訓練技巧、規劃如何擴大我們書籍和網路影音課程的銷售量；演練某項新的演說；為新的選集找出可供列入的故事；授權委派某項專案給我支援團隊裡的一員。至於你的緩衝日，可能是尋求新導師、開發新的銷售簡報、撰寫小冊子、為錄音工作準備錄音室、面試某位新的工作夥伴、培訓助理、參加業界或專業領域的研討會、書寫員工守則等。關鍵在於：把所有緩衝日活動集結到同一天裡，這樣才不致於稀釋了你的聚焦日和自由日。

自由日：一整天不碰任何工作

「自由日」從午夜開始，持續到隔天午夜，當天不牽涉任何工作相關活動。這一天完全沒有業務會議、業務相關的電話、電子郵件，也不閱讀工作相關日誌和文件。

在真正的「自由日」裡，你不必面對員工、客戶或學生，和他們也沒有任何類型的聯繫，除非是真正的緊急事件，像是受傷、死亡、洪水、火災等。事實上，大多數所謂緊急事件根本都不緊急，只不過是員工、同事和家人沒有（或尚未）接受足夠訓練，沒有責任或職權去處理突發狀況。你必須設定清楚界線，停止救援別人，信任對方有能力自行處理。一旦你訓練雇主、員工、同事和家人別在你的自由日打擾你，就會迫使他們更加自力更生，也會促使他們增強能力和自信。只要你長期堅持，大家終究會懂你的意思。最後這會變成好事，因為可以釋出更多「自由日」和「聚焦日」的時間。

「自由」也代表不必照顧小孩

不知道該拿小孩怎麼辦，通常才是問題的起因。通常你必須定期給自己一些時間，請人代顧小孩。如果無法負擔保母費用，可拜託某位值得信賴的親戚來照顧。我們經常請姑姑阿姨、叔叔伯伯、姪子姪女來代勞。如果對方沒空或不願意，可以與其他父母相互照顧：你在某個週末照顧他們的小孩，然後在不同週末換他們幫你顧孩子。千萬不要每小時打電話監控他們的狀況如何，這是錯誤的做法。自己要懂得放手，信任對方，好好照料自己，才能改頭換面。

「自由日」讓工作更有拚勁

定期安排「自由日」很有價值，返回工作崗位時，你會變得神清氣爽，並且容光煥發，精力充沛，滿腔熱忱，具有創造力，準備好應付工作事務。為求真正的成功，你需要這些休息時刻，容許自己稍微遠離例行生活，如此一來，你才可以變得更有創造力，才能解決問題，產生創意點子。

每年休假一百三十天到一百五十天，我相信這應該是每個人的終極目標。如果你每週末都有休假，完全不碰工作事宜，你立刻就能享有一百零四天的假日。此外，在週末連假、節日假期、長假等時間裡，如果也能找出另外四十八個自由日，你就能輕鬆享受一百五十個自由日，用來休息、充電、恢復活力，沒有任何筆記型電腦、電子郵件、文件，也不必聯絡員工、同事或主管。

你可能要花上一些時間，甚至數年來算出數字，但是重點在於不斷努力，每年增加你的自由日天數。

懂得休假，更有工作價值

根據美國旅遊業協會（Travel Industry Association of America）的統計，在二〇一二年，美國人平均休假天數居然約為四．三日。更令人震驚的是，根據家庭與工作研究所（Families and Work Institute）報告顯示：美國全體員工甚至有超過四分之一的人不會善用自己的休假時間。哈里斯互動調查公司（Harris Interactive Survey）發現，在二〇一一年，有五七％的美國人未曾善用特休時間，總價值高達兩星期的時間。為什麼？他們很怕一旦休假回來後，自己的工作就不保了。

相較之下，**「自由日」的概念其實讓你休息更充足、更具生產力，對雇主而言你也就越有價值**。珍．摩耶（Jane Moyer）是全錄商務服務公司（Xerox Business Services）克盡職守的前任經理，現在任職於星巴克（Starbucks）。在《快速企業雜誌》某篇專訪裡，完美概述了「自由日」的價值：

每年十月，我會花一些時間待在美國東北岸鱈魚角（Cape Cod）。我租了一間小木屋，距離海邊大約兩個街區。我會在那裡待上一星期。那個小木屋沒有電話或電視。我不開車，不聽廣播電台，也不讀報紙。起初幾天，我覺得很難度過這種隱居生活，但我後來開始調適自己。我自己煮飯、讀書、漫步在沙灘上，完全享受壯麗輝煌的景色。返家路上，當我再次開始想起工作的事，我看待事情的角度不同了。工作看似較不讓人心煩意亂。暫時逃離日常生活，最棒的就是可以幫我釐清何事重要與何事不重要。*

好好安排行程，讓工作與生活平衡

要從生活獲得更多「自由日」和「聚焦日」，關鍵在於坐下來好好安排行程。大致記下你現在每月可花多少聚焦日、緩衝日和自由日，就能設法增加行事曆上的聚焦日天數，以及真正的二十四小時自由日天數，並減少緩衝日的天數。有了這樣的時間表，你會發現自己創造出更大的工作成果，享受更充實的個人生活，兩者之間的體驗更加平衡。

* 摘錄自《快速企業雜誌》，二〇〇〇年五月，第一〇一頁。

以下是其他步驟，可供你用來實施「創業家時間系統」：

1. 列出你曾經有過的三個最佳聚焦日，並寫下它們任何的共同要素。這將會給你寶貴線索，了解如何創造出更多完美的聚焦日。好好規劃吧！
2. 與你的主管、全體職員和同事進行會面，討論如何創造更多聚焦日，在這些日子裡，你能夠聚焦八〇%的時間，運用你的聰明才智，產生最佳結果。
3. 與你的朋友或家人見面，討論如何在生活裡創造出更真切的自由日。
4. 為明年安排至少四次度假，可以結合週末連假或是較長的假期。這些度假可以像週末露營之旅那樣簡單；在舊金山度過週末，徜徉在陽光下；一趟葡萄酒之鄉探索旅程；在海邊度過週末；一趟釣魚之旅；花一整週的時間，拜訪鄰近某州的朋友；完成你一直想去且夢想終生的度假，你可能會前往加州、夏威夷、佛羅里達州、墨西哥、歐洲、亞洲等地。如果你不規劃，行程就不會成真。所以請坐下來，好好規劃一番。
5. 列出你曾有過的三個最佳自由日，找出其中的共同要素。安排更多這些要素到你已規劃的自由日裡。

我們的世界日趨複雜，壓力漸增，請務必日益覺察，更加刻意而為，有條有理安排你的時間，且要能充分利用你的天賦才情，盡量擴大你的成效和收入。現在就開始，掌控你的時間和人生。請記住：一切操之在己。

41 打造強團隊

「一天之內絕對無法登頂聖母峰，甚至也不是花費難忘的好幾星期就能攻頂。事實上，需要由許多人經過長時間持續努力，方可造就傳奇。」

——約翰．杭特爵士（Sir John Hunt），一九五三年攻頂聖母峰者

每位高成就人士都有一個強大團隊，內有關鍵的團隊成員、顧問群、廠商和助手，由這些人處理大量事宜，讓這位高成就人士空出時間，創造新的收入來源與新的成功機會。世界最偉大的慈善家、運動員、藝人、專業人士等，也有請人管理專案與處理日常瑣事，如此一來他們才有能力為別人做更多事、磨練技藝，或練習自己的體育項目等。

找出三項最頂尖的活動

為了幫助釐清你應該花時間去做什麼，以及應該授權委派他人去做何事，請進行下列練習。你的目標是要找出最頂尖的一項、兩項或三項活動，而這些活動最能善用你的核心天賦、為你帶來最多金錢、產生最高層次的樂趣。

1. 一開始，請列出那些占用你時間的全部活動，不論是否有關事業、私人，或是民間組織或志願性質的工作。就連瑣碎小事也要列出來，例如：回覆電話、歸檔或影印等。
2. 接下來，從這份清單裡，選出一件、兩件或三件是你特別擅長的事，這些事是你獨一無二的特殊天賦，而且鮮少有其他人能像你做得這麼好。也要從清單裡選出三項活動，能為你或你的公司產生最多收入。若有任何活動能發揮你的才華，並且能為你或你的公司帶來最多收入，那就是你會想將最多時間和精力專注在其中的活動。
3. 最後，製作一份計畫，用來授權委派其他事務給別人。授權委派需要時間、訓練和耐性，但是隨著時間過去，你可以逐步刪去清單上無關緊要的低報酬瑣事，直到你減少去做這些事為止，然後越來越常去做你真正擅長的事。這就是創造燦爛前途的方法。

慎選關鍵的「團隊成員」

切記，在整個現代史裡，大多數成功人士在早年生涯就已成為創業家，這是他們其中一項重大特徵。如果你是企業主，現在就開始尋求關鍵的團隊成員，或訓練你現有的成員，去做你分析出來的前述任務。如果你是個人事業，要開始尋找思維活躍的第二人選，這個人要能處理你的專案、運作你的企劃、預訂你的銷售交易，並且完全接掌其他任務，同時讓你專心進行自己最厲害的事。隨著你的公司成長茁壯，你可以公開招募這些人成為員工，或聘用他們兼職工作。我也曾經見過許多高成就人士找到第一流的企管人才，他們徵才的時間遠比自己原先預期的快了好幾個月。一旦他們達成協定，把那位人才引進公司，就會看到企業以等比級數的速度成長茁壯。通常只要你說出口，你就會發現合適的人早在你的宇宙裡流轉，只是你沒發現而已。

如果舉辦慈善活動或社區專案正是你的「事業」，你可以「僱用」志工來幫助你。你可以考慮僱用還在念大學的人擔任實習生，他們可能僅是為了課堂學分而工作。我們公司就有幾位大學實習生。或者你也可以尋求地方基金會的協助，請它們為你的專案提供人力支援。不開口去問，又怎能知道呢？

如果你是全職家庭主婦或主夫，你最寶貴的「團隊成員」就是你請來的家庭清潔人員、能擔任小幫手的工讀生、你的保母，還有其他能幫你自己與配偶空出時間的人。你也可請鄰居或保母代勞，去採買雜貨、幫你洗車、接送小孩、把髒汙衣物送去乾洗，而時薪僅需十美元到十二美元。假如你是單親家長，這些人更有助你邁向成功，所以應當慎選。

為何你需要私人顧問？

我們的世界已經變得非常複雜。光是填寫報稅申請表、規劃退休生活、獎賞員工等就已相當複雜，更不用說連買賣房子都變得比以往還要複雜。這也就是為什麼，每位高成就人士都有一個強大的私人顧問團隊，以便尋求協助、忠告、支援。事實上，這樣的團隊至關緊要，所以絕對值得在你的成功旅程中提早開始組隊。

姑且不管你是否經營事業、為別人工作或待在家裡照顧小孩，你都需要私人顧問來解答疑惑、幫你規劃、確保你人生盡力而為，做好其他更多事。你的私人顧問能夠引領你面對挑戰和機會，省下你的時間、氣力，通常也會省下不少金錢。你的顧問團隊應該包含銀行人員、律師、高淨值的執業會計師、投資顧問、醫生、營養師、私人教練、宗教組織領袖等。

事實上，如果你經營一家企業，這項準則又有另一番全新意義。舉例來說，太多企業主甚至沒有僱用會計師。他們使用電腦程式運作整個企業，從未請任何外部專家核對他們的數字。他們絕不與外部顧問有往來關係，但是這些人其實能為他們釋出更多時間，使他們追求自己的核心競爭力，幫助他們成長。

如果你是青少年或大學生，你的團隊可能是你的父母、摯友、足球教練、諮商師等人，而且這些人信任你。通常對於青少年而言，他們的父母其實不是青少年核心團體的一分子，反而是敵對的一方。有時這只是青少年的個人猜想，但有時候事實也正是這樣。如果你的家庭機能不健全、父母酗酒或虐待成癮，由於成天工作或離婚而無法陪伴你，那麼你需要一群朋友和其他成人（通常是鄰居其他青少年的父母）圍繞在你身邊，給你支持鼓勵。

如果你是職業婦女，你的核心團體應該包含一個優秀保母或日間照顧者。你不但應該徹底調查對方，還應該要有備用資源。你也要有優秀的小兒科醫生與牙醫等人，以便支持你養育出健康快樂的孩子，同時你還能追尋自己的事業。

運動員有他們自己的小圈子，裡面有教練、整脊師、營養師、績效顧問等人。他們僱請這些專才，讓他們成為支援團隊的一員，為他們的體質和體育項目來設計飲食。他們找來值得信賴的顧問，並建構與維護彼此長期的關係。

一旦你判定出這個支援團隊的成員是誰，就能開始建構並培養這些關係。請**確保團隊成員清楚你對他們有何期望，以及你也清楚他們對你有什麼期許**，例如你們這樣的關係需要付費嗎？採取什麼樣的合作關係略勝一籌？在你們需要彼此的時候，能馬上相見嗎？團隊成員能如何幫助你成長茁壯，成功致勝？

最後，你有什麼辦法與團隊成員保持聯絡，將彼此的關係維繫在最佳狀態？我建議你製作一份每月、每季、每半年的會議時程表，與你團隊每位成員一起開會討論。

信任自己選擇的團隊成員

「如果你沒有助理，你自己就是助理。」

——雷蒙・阿隆（Raymond Aron），《從事所愛，收入倍增》（*Double Your Income Doing What You Love*）作者

如果你慎選，就能開始卸下妨礙你專注的一切事情，縱使是個人事務亦然。

雷蒙・阿隆賣掉房子，決定搬進公寓，他把整個專案授權委派給他的助理。他告訴她，要找到一間一房一廳的豪華公寓，靠近他的辦公室，一樓要有運動設施。他說：「找出這樣的公寓，協商租約，把合約帶來給我簽字。然後僱用搬家公司，到我辦公室領支票，付錢給

搬家工人。打包易碎物品，監督搬家工人，開車跟在他們後方，前往我的新家。」雷蒙甚至請她僱用高階清潔工作團隊，與搬家工人一起安置家具，打開箱子，把每樣東西放好；要求她一旦完成搬遷，就打電話給他。

雷蒙的助理忙著幫他搬家，而他正在哪裡？他在佛羅里達州度假！

請人代勞執行任務，我們通常會怕他們做得不夠好，話雖如此，**實際情形卻是有人熱愛去做你討厭的事，而且他們通常比你做得更好，所付的代價還遠低於你的想像。**

事實上，多虧了現代科技，這些人不一定非得住在附近才可幫你。有無數值得信賴的網站，像是美國「Elance」*與「Freelancer」†之類的自由工作者接案平台，都可供你聯繫虛擬助理與自由接案的專業人士，由他們幫你處理單一專案或正在進行中的工作。與其到你辦公室或家裡工作，他們會遠距執行任務，並且透過電子郵件、電話、Skype 或其他數位工具，與你保持聯繫。

網路上的虛擬助理或自由接案者能為你做什麼？他們能撰寫或編輯報告、講稿、手稿或提案；針對你的產品或服務，製作廣播電台廣告、錄製電話行銷語音廣播，或是開發YouTube 影片；進行各式各樣的研究；使用 Adobe Photoshop 軟體幫你修改旅遊照片，再到「Shutterfly」網站，把相片彙編成一本硬紙本精裝相簿；替你回覆電話；處理你的電子郵件；回應你的產品詢問；管理你的社群網站；還有更多其他事務。此外，在「Fiverr」之類的小額委外工作網站上也有不少專業人士，每個專案最低只收五美元費用，幾乎是人人負擔得起的金額。再也沒有任何藉口，說一切非得事必躬親不可。

---

* 「Elance」是美國廣為人知的自由工作者接案平台，在一百八十國有超過三百萬個自由接案會員。此網站也協助處理服務的付費，萬一發生任何糾紛，便有仲裁者可以協助。

† 「Freelancer」這個網站可以極低價格外包你所承攬的工作，較為專精於技術領域，如網站開發、網站設計、電腦程式設計、APP 應用程式開發、資料輸入、網路行銷、搜尋引擎優化，以及文案和平面設計等，他們已經為千萬個用戶完成超過百萬件專案。

42 懂得如何說「不」

「其他人對你深負期許，別因此讓自己感到恐慌不安。」

——蘇．巴頓．托勒（Sue Patton Thoele），《有勇氣做自己》（*The Courage to Be Yourself*）作者

我們的世界是一個高度競爭又過度刺激的地方。每天需要越來越多注意力，就只為了保持聚焦，完成日常瑣事，並追尋較長期的目標。由於通訊科技突飛猛進，比起以往，我們能接近越來越多人。透過電話、手機、簡訊、傳真、傳統郵件、電子郵件、社群媒體等，完全陌生的人也能聯絡你。不論是在家、在職場、在智慧型手機裡，他們都能聯絡你。如果無法聯繫你，他們會在你的電話答錄機或語音信箱留下訊息。如果當下能夠聯絡你，他們會用電話插播，直接打斷你目前的通話。

看起來每個人皆對你有所求。你的子女想出門兜風或向你借車；同事想把不是你負責的

專案丟給你；主管希望你加班工作，完成他所需的報告；妹妹想要你幫她在週末顧小孩；你子女的學校想要你在下週的校外教學裡擔任司機；你母親希望你過去她家，幫她修補紗門；你的摯友瀕臨離婚，想找你聊聊；當地慈善機構想請你主持年度餐敘委員會；還有數不清的一大群電話推銷員，希望你訂閱當地報紙、捐款給附近的野生動物保護區，或是將你所有的信用卡債轉移到他們的新卡之下。就連你的寵物也吵著要更多關心。

在職場上，我們飽受折磨，負擔過多專案與生產力，沒能優先處理首要之務。這些承載量遠遠超出我們覺得自在的交付程度，但我們還下意識渴望讓人印象深刻、想要出頭、跟上別人的期許。

為了成功達到你的目標，並且創造你想要的生活方式，你必須擅長向所有可能會把你吞噬殆盡、讓你分心的人或事情說「不」。成功人士懂得如何說「不」，卻不會覺得有罪惡感。對他們來說，這個「不」字即是完整句子。

列出一份「停做清單」

如果你要增進成效與收入，並且增加生活裡的自由日，你就得清除那些報酬不高的活動、請求，還有其他偷走你時間的事情。

你必須有條有理進行工作，才有辦法將你的時間、努力、精力和資源全部聚焦在專案、機會與相關人士之上，為你的努力帶來龐大報償。針對你要做什麼事及不做什麼事，你必須設下堅定的界線。

詹姆．柯林斯（Jim Collins）是《從A到A+》（*Good to Great*）的作者，他呼籲大家寫一份「停做清單」。請先從製作這份清單開始。我們大多數人像無頭蒼蠅一樣忙碌，雖然積極活躍，卻無法全神貫注。我們一直前進，卻不一定是通往正確方向。製作一份「停做清單」與一份「待辦清單」，你能更有紀律且更加專注於自己的人生。

盡快開始製作一份「停做清單」，然後把清單上的事情變成「原則」。人們對原則會有所回應，知道「原則」是一種界線。他們藉此明白你不想做什麼，而且更加尊敬你。舉個例子，我的某些「不做」政策是：

- 我不為虛構杜撰的書籍背書。
- 一個月內排定的演講不超過五場。
- 我不再與新手作家合著書籍。他們的學習過程太耗時又耗錢。
- 我在週二與週四不接任何電話。這兩天是用來寫作或開發產品。

- 我的書籍不借給別人。之前借人的書鮮少歸還給我，可是這些書是我的生計來源，所以我不借書給別人。
- 我不借錢給別人。我不是銀行。
- 我不在電話裡討論慈善捐獻，請寄書面說明給我。

說「不」，為何難開口？

向每個人的請求說「不」，為何這麼難開口？從小到大，我們大部分的人學會「不」字是令人無法接受的答案。回答「不」，會招致懲處。後來在我們的生涯裡，「不」這個字也可能招致負評，或導致無法在公司平步青雲的原因。

儘管如此，對於專案、誇張的截止期限、不確定的優先順序、不相干人員的危機等，高成功人士總是說「不」。事實上，**他們把「決定說不」與「決定說是」看成同樣都能接受的答覆**。

其他人雖然說「不」，卻會為你引薦他人來幫忙。不過仍有人聲稱自己行事曆滿滿、要負擔家庭義務、有截止期限、有財務問題等，以此為由來說明為何自己必須拒絕請求。在工作職場上，高成就人士總能找出其他解決辦法，回應同事反覆的緊急呼救，而非成為別人雜亂無章與時間管理不良之下的受害者。

不是針對你，而是為了我

對於別人危急情況的求助或掠奪時間的請求，若要說不，請加上「這不是針對你，而是為了我」，我發現這句回應非常有助益。

當地的家長教師聯合會（PTA）主席打電話給你，要你再次參加下一場週末募款活動，需要你奉獻心力，你可以說：「你知道，我對你說不，並

「不，週四不行。絕不答應，如何？
絕不答應，對你來說是個好答案吧？」

圖表 3-2　明確的拒絕

非針對你，也不是針對你努力實現的事。這個公益目標非常值得，但是最近我才明瞭，我已經過度投入心力在自家以外的事物上。所以縱使我很支持你的作為，但我已經承諾要花更多時間陪伴家人。這不是針對你，這是為了我們。」若你做出更高層次的承諾並且好好遵守，鮮少有人會對你生氣。事實上，你堅定地講清楚，他們可能會更敬重你。

還有許多寶貴技巧可供你學習，教你更加輕鬆說不，卻不會有罪惡感。以下列出幾本深入探討這項議題的好書，建議你至少讀一本。這兩本最佳好書分別是：曼紐爾．J．史密斯（Manuel J. Smith）的《我說不，沒有對不起誰》（*When I Say No, I Feel Guilty*），以及佩蒂．布萊曼（Patti Breitman）和康妮．海契（Connie Hatch）合著的《輕鬆說ＮＯ！》（*How to Say No Without Feeling Guilty*）。

會說不，讓好還更好

「好還要更好。」

——詹姆．柯林斯，《從A到A+》、《基業長青》（*Built to Last*）作者

這個概念很簡單，不過你會訝異地發現，在各種專案、情況與機會裡，就連世界頂尖創業家、專業人士、教育者、民間領袖等人，也時常只想做到「良好」程度而已，並把「卓越」打入冷宮，等著人生憑空出現「卓越」。事實上，若只專注在求好，通常有礙「卓越」出現，其中的原因很簡單，因為時間表裡沒有多餘的空檔讓人去善用任何額外的機會。

持續追逐平凡無奇的前景，或從判斷錯誤的企劃中追求成功，都會遏止驚人成就的機會前來，你的狀況是這樣嗎？

學會善用八二法則

如果你調查自己的人生，並且大致記下那些能為你帶來最大成功、最大財務收益、最大進展與最大愉悅的活動，你就會發現：大約八〇%的成就，是由大約二〇%的活動產出。這個現象的論據是基於「帕雷托法則」（Pareto principle，也稱為「八〇／二〇法則」、「八二法則」），通常稱為「關鍵少數法則」（law of the vital few），是由十九世紀的經濟學家所命名。這位經濟學家發現，義大利八〇%的土地是由二〇%的人口持有。後來的研究也發現，企業有八〇%的收益通常來自二〇%的顧客群人數*。

別再把小事化大

與其奉獻自己的精力和時間給那些瑣碎、無生產力、竊占時間的活動，想像一下，如果你拒絕這些浪費時間的活動，並且轉而聚焦於能為你帶來最大利益的那二〇%的活動，你將能多麼快速達成目標，改善生活？

要是你不再看電視、漫不經心瀏覽網路、辦理無謂雜事、處理一開始就能避免的問題，反而利用多出來的時間，專注於你自己的家庭、婚姻、事業、有突破性的目標、開創新的收入來源，或從事其他更有生產力的活動，又會怎樣？

「不只是好」，淨賺二十億美元

席維斯．史特龍知道「好還要更好」。在完成《洛基》電影劇本初稿後，史特龍去見

＊ 請見理查．柯克（Richard Koch）的《八〇／二〇法則》（*The 80/20 Principl*），書中內容深具啟發性，從探索八二法則的應用，加速達成個人的成功。

幾位製片人，他們有興趣把劇本拍成電影。但光是這樣做，也會耗費史特龍大筆金錢，所以他堅持擔綱演出主角。縱使其他演員，例如：詹姆士・肯（James Caan）、雷恩・歐尼爾（Ryan O'Neal）、伯特・雷諾茲（Burt Reynolds）等人考慮飾演洛基・巴波亞（Rocky Balboa），史特龍也說不。後來他找到贊助人，願意資助一百萬美元以內的小額預算。在短短二十八天內，史特龍就完成這部片的拍攝。

《洛基》後來一鳴驚人，在一九七六年紅極一時，總收入超過二億二千五百萬美元，榮獲奧斯卡金像獎最佳影片獎和最佳導演獎，史特龍個人也被提名最佳演員和編劇。他全權掌控自己的黃金機會，將洛基・巴波亞轉化為業界連鎖效應，在全世界淨賺的總收入超過二十億美元。後來《第一滴血》（*First Blood*）電影主角約翰・藍波（John Rambo）也起而效尤。

如果你要求的「不只是好」，人生會出現什麼變化？

判斷哪些事要「追求卓越」？

1. **一開始，請列出機會清單，頁面的一側寫著「良好」，另一側寫著「卓越」：**看到選項被寫出來，有助於理清思緒，判定該問什麼問題、要蒐集什麼資訊、進攻計畫可能是什麼。這樣可幫你決定：某個機會是否真正契合你整體的人生目的與熱情，或只會讓人生走上岔路。

2. **向顧問談談這項新的潛在追求：**有人比你早走過那條路，擁有廣泛經驗，想要與人分享，而且針對你盤算的任何新機會，也能不感情用事為你解惑。他們會向你說起預料中的挑戰，協助你評估成本因素（cost factor），也就是你將需要多少時間、金錢、努力、壓力、心力奉獻等。

3. **試試水溫：**與其僅是放手一搏，一股腦相信新機會將如你預期發展，倒不如花費一定限額的時間和金錢進行一項小測試。假如這是你感興趣的新生涯，請先在該領域裡，尋求兼職工作或或以自雇者的身分與公司簽訂獨立承包合約。如果你對這項重大舉動或志願專案感到非常興奮，看看你是否能夠旅行幾個月，前往夢想中的場景，或是找出方法，在百分之百投入之前，讓自己沉浸在這項志願工作幾週。

4. **最後，看看你把時間花在哪裡：**判斷這些活動是否真正有助於你實現目標，或者開口拒絕才更有助於你釋出時間，以便聚焦於你所追尋之事。

43 成為值得跟隨的領袖

「認為遺傳因素造就了領導力，這是最危險的領導力迷思。『領袖是天生的』這句話是胡說八道，事實剛好相反。領袖是後天養成的，而非天生就是領袖。」

——沃倫·本尼斯（Warren Bennis），南加州大學領導力學院的創會主席

不論你是負責經營某項事業、在學校教書、管理一個小團體、擔任運動團隊教練，或是努力推動某項值得從事的公益目標，你都需要別人加入你的行列，才有辦法達到你想要的成功。這不但需要你堅持成功的願景，還需要你實踐領導力的技巧，激勵他人想要幫助你達成目標。

我們的成功通常需要別人幫忙。因此成功人士也是成功領袖，這點不讓人訝異。他們知道如何以振奮人心又令人信服的話語，向他人傳達他們的願景。他們精通激勵他人的技巧，使他人全心全意，一頭栽入。他們能辨識出這些人的潛力，輔導他們的團隊成員，超越自

己，不斷精進。他們平常也會定期表彰其他人的正面貢獻。**偉大的領袖必須要求自己帶領的人負起責任，同時自己也要負責，為成果做出貢獻**。

在領導的過程中，偉大的領袖也會使跟隨者徹底改觀。理所當然，他們激發並鼓舞別人，產生非凡成果。不過，**他們也會協助這些跟隨者自我開發，成長為領導人**。這才是偉大領導力的真正定義。

好消息當然是：出類拔萃的領袖並非與生俱來。他們開發出一套獨特的態度和技能，透過教學*、仿效，人們能因此變得卓越不凡。

成為領袖，才能擴大影響力

成為領袖，可以給你機會，擴大你在世界上的影響力，容許你借助別人已有的心緒和行動，往前實現你殷殷企盼的目標和目的。成為領袖，也使你更快產生較大的結果，這遠遠勝

* 在編撰本章時，我諮詢凱瑟琳．西里（Kathleen Seeley）這位領導力專家。她訓練世界上許多高瞻遠矚的公司，致力於協助領導人設計出永續且價值導向的文化。她是「主管教練」（executive coach）、勵志演說家，也是加拿大卑詩省維多利亞市皇家大學（Royal Roads University）領導力學院助理教授。

過你自行其力。前美國總統約翰・甘迺迪（John F. Kennedy）、印度聖雄甘地（Mohandas Gandhi）、前南非總統尼爾森・曼德拉（Nelson Mandela）、美國蘋果公司聯合創辦人史蒂夫・賈伯斯、德蕾莎修女，這些人皆是偉大的領袖，雖然不是每個人註定都能成為這種等級的領袖，但我們全都可以學著培養自己的領導技能，對我們的組織和地方社區產生正面的影響力。

事實上，懂得如何成為有效的領袖，你扮演任何角色都會越來越成功，不論是要在公司往上升遷、建構傳銷下線、擔任社會變革推動者、擔任小聯盟球隊教練、自願服務於公民組織，或僅是籌備教會活動，皆是如此。所以，且讓我們看看一些基本行為準則，成為人人想要跟隨共事的領袖。

「成為人人自願跟隨的那種領袖，縱使你沒有任何頭銜或地位。」

——博恩・崔西

明白自己的強項與弱項

偉大領袖具有與眾不同的特質，其中最顯著的就是：他們致力於「了解自我」。一旦你清楚察覺自己是誰，明白自己的強項與弱項，並且知道自己的行為會對別人造成影響，就能改善自己對別人的領導能力。

某方面來說，「自我覺察」讓你實際了解自己的能力，知道自己對某項專案成果能有什麼貢獻，或者會產生什麼不利影響。舉個例子，如果你知道自己並非最佳的平面設計師，何苦把自己的點子強加於公司的手冊或網站？特別是此時你有辦法輕鬆委派給他人，仰賴對方，由他們把這件差事做得比你更好？或者，如果你的員工經常超過最後期限，提醒他們守時成了讓你頭疼的事，那何不先重整體制，讓他們了解如何完成後續處理並向你報告？比如說，安排每週問責會議、運用專案管理軟體、行事曆提醒等？如果你很害羞內向，或是非常恐懼談判任何事，但是別人熱愛參與大型交易的協商，何不授權委派別人去做那件事？

事實上，你就是討厭去做某些事情，或者根本不擅長，但是有人卻熱愛這些苦差事，而且非常專精此道，因為這是他們的熱情所在。了解自己的強項與弱項，讓你有能力辨別你的技能在何時增加價值，或是不會增值；你也會開放心胸，授權委派工作給別人，傾聽別人的觀點。這不但讓你的團隊浮現許多創意點子，也讓你的工作更輕鬆，因為你不必再奮力掙扎去做苦差事，而且這些事一開始就不是你該做的。

了解自己的長處和短處，還能夠幫助你持續約束自己的情緒。自我覺察，可確保你不會因為外在環境而陷入情緒風暴；相反的，你能夠以清楚、熱情又無畏的行動，因應當前局勢。你保持冷靜沉著，便能為別人創造出心安自在感，尤其是在危機時刻或急遽變動時期。

「所有的優秀領袖皆具高度覺察感，有能力解讀局勢，從中找到自我，並且據此行動。偉大的領袖這一步走得更遠。他們不僅覺察而已，還懂得『自我覺察』」。

——萊斯・麥奇歐恩（Les McKeown），
《成功，HOLD得住！》（*Predictable Success*）作者

當然，身為領袖要自我覺察，關鍵在於：樂意嘗試錯誤、不當萬事通、認清自己有某種偏見，看出自己的意見在何處會擋路。沒人通曉所有答案，但是偉大的領袖會承認自己永遠有太多事物要學。

偉大的領袖還會傾聽意見回饋。

事實上，偉大的領袖知道：**只要樂意承認自己的錯誤，真誠傾聽尖銳的意見回饋，不找藉口合理化、正當化，或是歸咎別人，就能把這些時刻轉化為自己的學習機會，對你的團隊**

而言也是「適合學習的時刻」。與其爭鬥不休，不如在你的團隊之中，創造出一種更加開放又協力合作的文化；任何人不再有壓力或恐懼，不必裝作事事皆懂。這種氛圍真實可靠又透明，最後也將能讓其他人敞開心胸，坦承自己的弱點、恐懼和學習需求。一旦你設下坦誠的標準，沒有人會向你詐稱自己的能力。

對自己負責，也對別人負責

成功領導別人的精髓在於：要做出允諾，對你自身的行動和結果百分之百負起全責。只要你持續貫徹自己本身的承諾，別人就會開始對你的領導力產生信賴。為了受到信賴，你必須守時、可靠，要當一個遵守協議的人。

你是否準時出席會議？是否在截止期限交出完整的專案內容？是否信守你對團隊成員和其他人的承諾？是否以同樣平穩的風度來因應每項危機？對於你的團隊正在努力進行的目標，你能否清醒考量其他新的機會？這些都是領袖的標誌，懂得負起責任、堅持不懈，而非老是遲到、毫無準備、情緒化或盲目跟風，導致不斷誤入歧途。

當然，人非聖賢，領袖也是如此。雖然盡善盡美或許較令人嚮往，言行合一卻更有影響力，因為這樣才可以在你的團隊裡建構正直誠信和可靠度，使你成為值得信賴的領袖。當然在有些時候，你沒有完全達到承諾，或是你無法遵守協議，在這種情況下，要向相關隊友坦承你的缺點，並且制定計畫修正問題。這個舉動有助於你成長為正直誠信的領袖。

如果狀況不如預期，但還在你掌控之內，你仍舊該百分之百負起責任。在這類情況裡，如果事情是由你掌管或原本可以預防，請不要怪罪他人造成失望結果。相反地，要負責、反省、汲取教訓並調整你自己的行為，這樣才可以對接下來發生的事負起責任。如果你責怪別人錯失目標，或抱怨對方領導力不足，你不但損害了團隊信任，還會大幅降低個人力量。

除了要對你自己造成的不良後果負起責任，請務必鼓起勇氣，請別人對他們的行動和結果負起責任。若要讓人覺得被賦予權力、被表揚績效、主動可靠，有無「問責」（accountability）皆是重大因素。萬一你的團隊成員沒有創造出你想要的結果，你一定要有勇氣，跟那個成員當面對質，了解究竟是何事不管用，並且請相關人員相談責任歸屬，即使過程可能很艱難且令人不適，都要問責，然後再重返目標正軌。千萬別迴避這些難以應付的對談，相反的，要有勇氣，請別人對自己的後果負起責任。

「有時航行平穩，有時越來越艱辛，還伴隨著暴風雨，
有時你會和你的成員一起沉到海底，
這就是為何『領導』的英文是『leadership』。」

圖表 3-3　領導的意義

持續以扣人心弦的願景激勵團隊

「務必擁有願景，這是領導力的確切精髓。在每種場合裡，你都要能清楚有力表達這份願景。請勿閃爍其詞、大言不慚。」

——西奧多．赫斯伯格（Theodore Hesburgh）牧師，聖母大學（University of Notre Dame）名譽退休校長

為了鼓舞他人不屈不撓努力工作，協助實現你的目標，首先你必須有清楚又令人信服的未來願景。你和你的團隊最終會達成什麼？到幾時才會達成？一旦達到目標，每個人將有什麼好處？是否光榮體面、享受利益、合乎正道、振奮人心？是怎樣扣人心弦？隨著你的團隊努力求得這項重大目標，還將達成其他什麼事？

為了取得別人的贊同，你也必須清楚表達：隨著他們一路成長學習，達成了你的願景，你的團隊將會變成怎樣？**你的團隊必須能夠預見未來的自己，變得更好、更聰明、更堅強、更有價值、更有自信。在你令人信服又清晰的願景中**，要定義出有益的結果，並加上大家將可體驗到的其他好處，這點非常重要。

其次，對於你的願景，你的信念絕對不可動搖。也就是說，請務必相信：**願景不但是可**

能的，同時還令人嚮往、不可或缺、必然發生。而這樣的信念僅是一種選擇。你僅需選擇深信不疑，以堅定的態度傳達出來。

前美國總統約翰．甘迺迪對美國有個願景：要在一九七〇年代「這十年結束」之前，把人送上月球。人權鬥士尼爾森．曼德拉的願景是消除南非種族隔離政策。印度聖雄甘地心懷願景，要以非暴力方式使印度脫離英國掌控。翁山蘇姬（Aung San Suu Kyi）在她的祖國緬甸是反對派領袖，也是一九九一年諾貝爾和平獎得主，她的願景是：透過民主選舉，由公民政府治理國家，而非由軍事獨裁者掌管國家。

在商業世界裡，比爾．蓋茲的願景是「每家每戶桌上都有個人電腦」。iPod 和 iTunes 的創造者史蒂夫．賈伯斯，他的願景是「徹底變革音樂產業，輕鬆下載單曲，隨身可聽一千首歌」。億萬富翁莎拉．布蕾克莉（Sara Blakely）是美國著名塑身內衣品牌 Spanx 創辦人，她在二十多歲時，曾挨家挨戶推銷傳真機，但是心懷願景，期望將來能成為 Spanx 的富裕企業主，製造並推銷更為舒適宜人的女襪產品。

這些偉大的領袖每一位都充滿熱情，有堅定的看法，傳達自己的願景。

你也必須能夠清楚述說願景故事，必須如此令人心悅誠服，喚起其他人的想像力，有心出手幫忙。你說的話必須傳達出目標的確定性，在隊友對自己與過程失去信心時，才能支撐你的團隊。你自身對目標有何天生熱情和熱忱，也務必提出來討論。這些事情無法造假，所以深具感染力。

有一本書可助你說出強而有力又扣人心弦的故事，傳達出你的願景，吸收你所需的人才，達成一切。這本書是《會說才會贏》（*Tell to Win*），作者是彼得．古伯（Peter Guber），他曾任索尼影業董事長，這家公司的電影已經榮獲五十次奧斯卡金像獎提名，全世界收益超過三十億美元*。古伯說，領袖要與員工、夥伴、客戶、志工、協力供應商形成個人情感連結，此時才可建構出最成功的公司與新措施。有關你的願景、產品，甚至是你自己的故事，能產生深層的情感反應，在你與他人締結關係時，這點非常重要。

不只聽對錯，更要傾聽可能性

一旦吸收人才加入願景，偉大的領袖將會傾聽團隊的意見，不但傾聽他們的想法與提出的資訊，也會確保他們覺得有人傾聽心聲。每個人都想知道自己能做出改變，以及他們的深刻見解和意見倍受重視。當你培養出傾聽的技巧，你在傾聽的當下會更有存在感，能好奇聆聽其他人的意見，並能夠真正聽到討論內容浮現何事，開放心胸與隊友真誠對話，而非只是下達命令或解說通盤計畫。你要樂意接納你所聽到的事，並且因此改觀。**但更重要的是，這**

需要你轉移焦點，從傾聽「對或錯」改為傾聽「何事是可能的」。

關於這點，我稱之為「傾聽可能性」。

在我們的文化裡，偉大的演說家能夠激勵觀眾，博得喝采，因此受到賞識，這點毋庸置疑。不過，雖然成為熱情洋溢的演說家，也是一項寶貴的技能，但長期來看，「有效傾聽」（effective listening）對領袖而言才是更珍貴的技能。**在會議裡，每當你侃侃而談，你僅是在重述或報告你已經知道的事，無法創造新鮮事。但如果你專心傾聽，即可結合你所聽到的點子，創造出新途徑、新結果、新利益。**如果別人正在說話，而你發現自己想要提出回應或改善某人的點子，請學會耐心靜候。停止你的衝動，要真正傾聽，讓新的可能性浮現出來。

「人們不需受到控管，需要『無為而治』。」

——理查德·佛羅里達（Richard Florida），多倫多大學（University of Toronto）羅特曼管理學院馬丁繁榮度研究所（Martin Prosperity Institute）所長

二十六歲那年，我在「克萊門特史東與潔西史東基金會」（W. Clement and Jesse V.

* 彼得·古伯著，《會說才會贏》。

Stone Foundation）工作，比利．夏普博士（Dr. Billy Sharp）是當時的基金會董事長，他是我早期其中一位效能領導模範。我欣賞他的專心致志，他總是不斷學習，樂意傾聽其他人提出的內容，還承諾賦權給每位員工，沒有差別待遇。他總是問：「你的想法是什麼？你會怎麼做？為什麼？」

我清楚記得那一天，夏普博士排定與某位專家一起開會，探討價值觀，而我受邀列席旁聽。他知道我們其中幾人已經讀過這個人的書，也對他的著作很感興趣，所以邀請我們列席旁聽這場會議。我當時年僅二十六歲，能夠受邀旁聽基金會董事長和這位知名專家的會議，感到興奮無比。三小時的會議過去了，其他人都已經離開會議室，我跟夏普博士說：「你一直向這個人提出問題，一個接一個，長達幾個小時，而你一次也沒提起自己的研究，還有我們在基金會裡進行的工作。到底是為什麼？」

他回答：「我已經知道自己了解的事，我想知道他所理解的事。」在我成為優秀領袖的學習過程中，這可真是一記當頭棒喝。不要以自己懂得多少事情來讓人印象深刻，而是要問更多問題。傾聽每個人的話，尋求潛藏在底下的主題和模式。夏普博士教導我，需要許多人提出資訊，方可看見狀況的全部真相，要重視好奇心，敞開心胸，在對話期間願意轉換想法，尊敬並欣賞每個人提出的內容。

夏普博士專心傾聽我們每個人的觀點，表達他相信我們的貢獻能力。他真正關心我們的看法。由於我們覺得受到重視，所以我們總是竭盡所能，以期望配得上他對我們的信賴，他也因此獲致最佳成效。

要專心傾聽的另一項原因是：通常你會聽到故事中的故事，也就是人類的恐懼與不安全感，甚至是批判。一旦有人覺得心聲沒被聽見，或自己真正的憂慮沒有受到妥善處理，就會產生怨恨，進而使他們對其他隊友尖酸刻薄。要聽出真正的故事，通常需要「同理心」，這是不可或缺的領導技能；可藉由精進傾聽技巧，培養出聽見緊張不安、心灰意冷

圖表 3-4　傾聽的藝術

或漠不關心的能力。偉大的領袖要能聽出故事中潛在的意涵，並且盡快處理實質的問題，使人產生更多的投入感與參與感，願意為你的奮鬥目標效力。

輔導他人成為領導模範

「領袖最基本的工作，就是創造出更多領袖。」

——瑪麗．帕克．傅麗特（Mary Parker Follett），美國社工、組織理論與組織行為研究的先驅

身為今日的領袖，你將面臨日益升高的不確定性和複雜性，這正是世界的運作方式。你不可能盡知一切或全盤掌控，所以，若要克服這一點，有個方法是：**輔導你的人力，使他們擔任自己專案裡的領導角色**。

與其只是主導某項預定計畫，倒不如輔導手下採取行動，幫助他們開發自身的領導技能。這不僅意味著你要把決策制定權分攤出來，還必須建構一個團隊，團隊成員要很聰明、有自信、懂得自主，能夠迅速因應變幻莫測的環境和局勢。

培育自己專屬的頂尖領袖團隊，絕對讓你的生活更輕鬆。

為了培育其他領袖，「教練法」（coaching）是最有用的技巧。透過深層的傾聽與熟練的提問方式，你能夠幫助他人發掘自己的問題解決辦法和機會。與其擔任唯一人選而思索接下來怎麼做，不如使用「教練法」幫助其他人開發自己的解決辦法，而這麼做也是在幫助他們開發自己的問題解決技巧。領導人總是被簡單瑣碎的待辦問題疲勞轟炸，對他們來說，授權給別人產生自己的領導技能，這個主意讓他們如釋重負。

所以，要如何輔導你的人員，使他們依靠自己的能力成為領袖？

一開始，請要求你的人員為問題立下正確定義。如此可讓他們充分參與過程，幫助他們「取回這項問題的所有權」，猶如這是一項必須由他們解決的問題。研究顯示，一旦某項問題或挑戰的所有權是在他們手上，只要你容許團隊創造出解決方案，就能更加有效解決，解決後的狀態維持更久。只有在他們的經驗或訓練達到極限時，你才提供指示，給他們所需工具和資訊來解決問題，然後讓他們施展本領。

我經常對屬下使用一系列的教練式問題*，其中一例即是我所謂的「艱難或麻煩的狀

---

* 可以在《用於突破成功的教練法》（*Coaching for Breakthrough Success: Proven Techniques for Making Impossible Dreams Possible*）找到這項練習。此書是由本書作者傑克．坎菲爾與彼得．齊（Dr. Peter Chee）合著。

況」練習：

1. 你正在處理的艱難或麻煩狀況是什麼？
2. 你如何創造或容許這個狀況發生？
3. 你假裝不知道的事是什麼？
4. 若繼續保持原狀，結果是什麼？
5. 你寧願體驗什麼？
6. 你將採取什麼行動來創造那件事？
7. 到什麼時候你才會採取該項行動？

以下分別舉例說明，這系列問題可能產出什麼結果：

1. 你正在處理的艱難或麻煩狀況是什麼？

我主持會議，每個人卻似乎總是姍姍來遲。

2. 你如何創造或容許這個狀況發生？

我沒清楚說明「請準時開會，非常重要」。通常我會等候那些遲到的人，如此一來，那些準時到場的人看不出有何理由需要準時，所以他們也開始遲到。

3. 你假裝不知道的事是什麼？

如果我不嚴肅看待開會時間，這些人也不會認真看待。

4. 若繼續保持原狀，結果是什麼？

我不必當面質問任何人為何遲到。我會抱怨他們犯了多大的錯誤。

5. 你寧願體驗什麼？

準時開會，有許多正面積極的能量。

6. 你將採取什麼行動來創造那件事？

(1) 我會寄出一份備忘錄，鄭重說明：從現在起，我們準時開會。

(2) 我會想辦法獎勵那些準時的人，方法可能是播放 YouTube 某篇有趣影片，或是在會議正要開始時，舉辦一場抽獎，準時到場的人有機會抽中五十美元。讓準時出席變得有趣刺激。

7. 到什麼時候你才會採取該項行動？

我今天就會寫備忘錄，下一場會議就舉辦五十美元抽獎。

這僅是此類問題的其中一例。讓人更有責任感，了解他們如何創造或容許不滿意的狀況發生，以及他們能夠如何創造出更多想要的事情。

肯・布蘭查德是《一分鐘時間管理》（*The One Minute Manager Meets the Monkey*）*的作者，他寫道：背上的猴子經常使領導人應接不暇，這些猴子就是指那些原本不屬於他們的專案和問題。每當某個隊友來找你，提出某項問題，而你同意去做某件事來處置，那隻猴子就跳出他們後背，然後跳到你的背部。你瞬間承載了這項問題的所有權。

別讓你的下場淪為這種情況。請改為輔導你的手下，開發自己的問題解決能力和領導技能，由他們解決更多問題，從而為你創造出更多時間和空間，聚焦於你必須去做的事，以實現你的願景。

保持感恩心態

不論你是領導一群主管、運動員、社區志工、學校家長，或是主持家庭遊戲晚會，每個人的所作所為與身分皆須受到認同。落實感恩的態度，並且認同他人，這對領袖而言，是為身邊的人建構信賴、熱忱、承諾最簡單的方式。

無數研究指出，有八〇%的員工呈報：「每當雇主表示欣賞他們的工作，他們便會受到激勵，更加勤奮工作。」但是只有 七%的人覺得自己受到主管足夠的賞識。而有超過五〇%的人認為，只要他們覺得更受到經理或主管的賞識，他們願意在工作崗位上待得更久。

所以，不管你是否覺得太忙、太不舒服或太不欣賞自己，你都必須安排時間，建立體制和儀式，更加經常欣賞別人。欲知更多詳情，請見準則五十三，了解不論在家或在職場上，如何更加有效地賞識別人。

培養感恩心態，賞識你的下屬，龐大好處將會迴向己身。科學家現在正研究「實踐感恩對健康有哪些益處」，並發現：如果一個人持續認同並感謝別人，壓力程度較低，也較為樂觀，較少捲入憤怒、悲哀、挫敗等情緒。「感恩」與「賞識」可改善心情，讓你覺得更開心，有助減少感到壓力的時刻。負面情緒和正面情緒無法同時存在，你身邊的人將因為你享受同樣的正面好處，導致動機大增、更有參與感，並且更加致力於你的專案或奮鬥的目標。

所以，不論是在用餐時，或是在董事會裡，在人生各方面的情境中，千萬別小看簡單一句「謝謝你」的力量。萊斯．休伊特是我的朋友，也是《心靈雞湯三：專注的力量》的合著者，他總是隨身攜帶明信片，每當他受到超凡的禮遇或面見某位珍貴的新事業聯絡人，他就在上面寫下一兩句欣賞或認同對方的話。他甚至隨身帶著郵票，如此一來，在新朋友返回辦

---

* 肯．布蘭查德、小威廉．翁肯（William Oncken, Jr.）、哈爾．勃勞斯（Hal Burrows）著，《一分鐘時間管理》。

公室後，這張明信片大概就已經在郵寄途中了。

開始培養你的感恩心態，隨著時間過去，你不但能轉化自己的觀點，也將吸引其他志趣相投的樂觀人士，出現在你的生命和影響力圈子裡。

44 擴大人脈，懂得求助

「研究偉大人物，會發現他們皆是從學徒變成大師，或是身兼數種技能的大師。因此，如果你想獲得偉大、知名的最高成就，你必須從學徒變成大師。」

——羅伯・艾倫，白手起家的大富豪、《一分鐘億萬富翁》共同作者

關於如何完成各種任務，儘管某些資訊唾手可得，大多數人依然傾向詢問親友、鄰居、同事、兄弟姊妹，針對他們可能面臨的關鍵問題，尋求建議。他們太常向其他人尋求忠告，而且這些被詢問的對象可能從未戰勝過自己面臨的困境，或從未在自己特定的領域成功過。

我在「準則九」指出：成功有跡可循。何不找到一位導師，而且這位導師已經去過你嚮往的旅途？你可利用這些已經存在的智慧和經驗，你所要做的就只是開口提問。

成功人士有不少主要策略，其中一項即是：他們持續向外尋求自身所處之領域的專家，向他們尋求指引和建議。你想找哪些人做為你的導師？撥出一些時間，列出清單，然後前去

找這些人，要求對方幫忙。

導師幫你克服盲點

聯絡成功人士，詢問合乎時宜的建議和協助，一開始可能看似令人怯步，不過，在你想要成功的領域裡，這些人已經遠遠走在你的前方，若要爭取他們的指導，其實比你所想的還要容易。

萊斯．布朗是知名演說家及暢銷書作家，曾經說過：「導師幫助你看見可能性，這點勝過世上一切。」換句話說，導師擔任你的角色模範，同時在與你溝通的過程中，傳達某種程度的期許，藉此幫你克服「可能的盲點」（possibility blindness）。

一九八〇年代早期，萊斯展開他的演說生涯。他用自己早期的專題演講製作一個錄音帶，把它寄給年老的諾曼．文森特．皮爾博士，也就是世界知名的演說家暨《標竿》（*Guideposts*）雜誌出版人。那個錄音帶為萊斯帶來長期豐碩的關係，皮爾博士不但把萊斯納入他的羽翼之下，針對他的演說風格提供諮詢意見，還悄悄敞開大門，幫助萊斯取得重要的演說安排。突然間，儘管萊斯尚在這個圈子裡沒沒無聞，演講事務處也開始打電話給他，要約他演講，甚至還把萊斯每場演講的講師費從七百美元提高到五千美元。

萊斯回憶這段往事，皮爾博士是第一位說萊斯能在演講產業大展鴻圖的人。

萊斯說：「他不是向我的腦袋說教，而是觸動我的內心。我當時懷疑我自己、懷疑我的能力，認為自己教育程度不足，背景不好，但皮爾博士說——『你該有的東西都有了，你擁有所需的一切。你只需發自內心繼續演講，就能做得很好。』」

那時候，萊斯終於明瞭，擁有一個導師真的很有價值。雖然他們僅是透過簡短電話對談持續維繫關係，以及萊斯有時會跟隨皮爾博士，以便學習他的演說風格，但到頭來兩人都對彼此產生更大的意義，這遠超出剛開始認識的想像。

九十五歲那年，皮爾博士舉辦最後一場公開演說。他借用旗下門生經常重複說的話：「往月亮射擊吧！就算沒擊中月亮，也會打到其他星星。」

或許就像萊斯那樣，你僅需某人為你敞開大門。或許你需要有人引薦技術專家，由他幫你的公司打造新的服務；或許你需要的只是驗證，認定你追尋的路是正確之道。導師能協助這些事情，但是你必須準備就緒，徵求具體建議。

先做好功課，再找人指點

在你感興趣的領域裡，有誰曾經成功過？若要研究這些人的名字和背景，最簡單的方法就是：閱讀業界雜誌、搜尋網路、詢問同業公會常務董事、參加貿易展覽會與全國大會、打電話給同類創業家，或接洽那些在你的產業或專業領域中的其他經營者。

尋找導師，他們擁有這類多采多姿的經驗，可供你用來抓住目標。當你看出某幾位人士重複受到推薦，你就能列出你的潛在導師短清單。

珍奈特．斯威策定期指導好幾百人，教他們如何壯大自己的事業。CRA國際公司（CRA Management Group）的麗莎．米勒（Lisa Miller）打電話給珍奈特，那時候，珍奈特正好要簽字，轉讓她大部分比例的所得收入給某人，而她認為此人可幫她發展新的事業領域。珍奈特教導麗莎，如何不靠外援就能立即實現同樣的目標，甚至幫麗莎從既有客戶中設法拿下新的業務，提前四個月加速麗莎公司的成長，也讓麗莎額外賺到數十萬美元。

為了聯絡諸如珍奈特這樣的潛在導師，並且確保一旦去做，就能成功展開對談，請你針對你想在初次談話提及的內容，列出一份具體的重點清單，例如：為何你想要他們指導你、你想尋求什麼種類的幫助。請簡明扼要，並且要有自信。

成功人士其實喜歡與人分享個人所學。傳承智慧給他人，這是人類的特性。不是每個人都會花時間指導你，但是只要有人提問，很多人都願意指導。你想找哪些人擔任你的導師？僅需列出清單即可，然後請對方每月騰出幾分鐘時間給你。

有些人會拒絕，但有些人會答應。繼續問人，直到你獲得正面回應為止。

萊斯．休伊特創辦「成功人士訓練輔導課程」（Achievers Coaching Program），曾經輔導某家小型貨運公司負責人，這位先生想請貨運業某家大型公司的要角擔任他的導師。那位導師很高興接受提問，到頭來幫助這位年輕人的公司等比級數成長。他的原始講稿是你可能想要模仿的：

> 嗨，強森先生，我的名字是尼爾。我們未曾謀面。我知道您很忙，所以我長話短說。我是一家小型貨運公司負責人。過去幾年來，您成效斐然，壯大事業，成為業界翹楚。我在想，您在公司初創時，應該經歷不少實質挑戰吧？至於我，依然處於早期階段，設法搞定一切。強森先生，如果您願意考慮擔任我的導師，我真的萬分感激。您只需花十分鐘跟我講電話，每月一次，讓我能夠問您一些問題，這樣就夠了。真的相當感謝。您是否願意給我機會？

如果你是小型企業主，或者正在盤算開創事業，你應該聯絡「退休主管服務團隊」

（Service Corps of Retired Executives, SCORE）當地分會。「退休主管服務團隊」與「美國小型企業管理局」（U.S. Small Business Administration, SBA）一起合作，是一個遍及全國的網路，旗下有超過一萬一千名已退休或在職的志工，提供免費的商業諮詢和建議，還有費用很低的研討會。這是一家公眾服務機構，觸及各種類型企業與所有開發階段，從只有點子、發想，一直到開創成功、大展鴻圖的公司都有。「小型企業發展中心」（Small Business Development Centers）是「美國小型企業管理局」的服務機構，也是另一項免費的商業建議來源，為小型企業主提供諮詢，在全美國有六十三個辦事處，等著為各位提供服務*。

保持謙虛，遵循建議

導師不喜歡自己的時間被浪費。一旦尋求他們的忠告，請務必遵循。研究他們的方法、提出你的問題、確認你理解整個過程，然後，要盡可能謙遜無比，遵循導師的建議。請試著依照這些建議去做，看看對你有何成效。隨著你一路前進，你總是可以根據這些建議進行調整和改善。

改變一生的寶貴忠告

傑森．多希（Jason Dorsey）當年只是典型的大學生，就讀德州大學商業課程，偶然遇見第一位導師，也就是當地創業家布萊德（Brad），他曾經獲邀前往該校發表演說。布萊德挑戰課堂上的學生，要求他們把成功定義為更偉大的事物，而非只是賺錢而已。傑森很感興趣，大膽要求對方擔任他的導師。

在他們第一次會面期間，布萊德詢問傑森有什麼計畫。他回答，自己打算完成大學課業，到紐約證券交易所工作，攻讀企管碩士學位，開創自己的事業，最後在四十歲退休。一旦退休，他打算協助孤立無援的年輕人，確保他們接受良好教育，找到像樣的工作。

布萊德聽到這番話，詢問傑森，到了他能夠四處幫助這些年輕人時，他會是幾歲？傑森猜測大約是四十五歲。然後布萊德問了一個問題，改變他的人生：「為何要等到二十五年後，才開始去做你真正想做的事？何不現在就開始？你等候的時間越久，就可能越難讓年輕人想要親近你。」

布萊德的觀察合情合理，但是當年傑森只有十八歲，住在學校宿舍裡。他問：「如果我

---

*更多詳情請見 www.sba.gov/sbdc。

現在開始去做，依照我的年紀，您認為我要怎麼做才能給他人最大的幫助？」

布萊德回答：「寫一本他們實際想看的書。告訴他們你的祕訣，讓他們知道為何縱使別人如此負面看待你，你依然能夠對自己感覺良好。跟他們說，要求某人當你的導師，需要做出哪些事。告訴他們，為何你年僅十八歲，就已經有這麼多工作機會。」

所以，從一九九七年一月七日早上一點五十八分起，傑森開始寫書。他沒預設自己辦不到，短短三週後，就完成《畢業就有完美工作》（*Graduate to Your Perfect Job*）這本書的初稿。傑森自行出版這本書，開始到學校發表演說，也開始指導其他年輕人。到了他二十五歲之際，他的演說對象已經超過五十萬人，三次出現在美國全國廣播公司的《今日秀》節目裡；超過一千五百間學校將他的第一本書納入課程教材。傑森是這麼有說服力的演說家和勵志大師，不久之後，學校聘請他訓練老師和輔導員。人人稱他為「Y世代傢伙」。他最近的創投事業是一家新公司，幫助主管和經理學會如何激勵年輕員工，留住人才。最棒的是，傑森依然向他的導師們討教，總共有五位導師。

傑森曾獲「奧斯丁四十歲以下青年創業家獎」（Austin Under 40 Entrepreneur of the Year Award）的教育類獎項，那年他才二十六歲。到了三十六歲，傑森已在全世界各地發表演說，從印度、墨西哥、挪威到埃及都有，演說對象是諸如賓士汽車、四季飯店、北歐航空（SAS）、VISA信用卡之類的公司。他發表過一千多次演講和研討會，現場觀眾人數最多曾經高達一萬六千人。他還多寫了兩本書，分別是《Y世代企業》（*Y-Size Your Business*）與《我的真實支票跳票了》（*My Reality Check Bounced!*），他還為《成功雜誌》撰寫「馬維力克時間」（Maverick Minute）專欄，頗受歡迎。

請想想看，如果傑森沒有大膽冒險要求陌生人擔任導師，他現在可能只會拿到企管碩士學位而已。

要準備回報恩情

請準備好，給予導師某些回報，就算只是一些簡單的事也行，例如：持續將業界最新消息告知他們；如果新機會可能對他們有益，打電話給他們；為你的導師想辦法解決事情。同時也要幫助別人。看到自己以前的門生終於大放異彩又能指導別人，對任何導師而言，都是絕佳的回報。

請教那些已經從事此道的人

「成功有跡可循。」

——安東尼・羅賓斯

二〇〇五年，我正在促銷這本書的第一版。我排定時間，參加德州達拉斯市某場晨間新聞節目。我在演員休息室，有人幫我化妝。一如既往，我幾乎見人就問。我問那位化妝師：「你的夢想目標是什麼？」

她回：「我想要有自己的美容院。」

我說：「很棒。你目前在做什麼，促使這件事發生？」

她回：「沒做任何事。」

我說：「這個策略不太好。為何不做？」

她回：「我不知道該做什麼，才可以擁有自己的美容院。」

我說：「我有個激進的想法，或許有幫助。」

她問：「那是什麼？」

我回：「何不去找那些已經自行開設美容院的人，然後問他們怎麼辦到的？」

她驚呼：「哇！這個主意真棒！」

很多人無法早一點想出這個方法，我也從不感到意外。不過，在自己不知道該做什麼時，至少各位現在知道該做什麼了——要請教那些已經從事此道的人。

協助打破世界紀錄

奧地利高空跳傘運動員費利克斯．鮑姆加特納（Felix Baumgartner）當年四十三歲，決定打破最長最快的自由落體運動紀錄。帶著勇氣、謙遜和智慧，他請教已退休的美國空軍上校約瑟夫．基廷格（Joseph Kittinger），請對方幫他打破約瑟夫．基廷格在一九六〇年所創下的紀錄；這位基廷格上校是前任的世界紀錄保持者，當時已經八十四歲。

約瑟夫樂意幫助這位比他年輕的人打破他的紀錄，他很爽快地答應了。除了指導費利克斯，在費利克斯使用氦氣跳傘高飛期間，跳傘會升高離地三十九公里，約瑟夫還擔任通信艙的地面通訊主任，在航太地面指揮中心（Mission Control）成為費利克斯的主要廣電聯絡點。

二〇一二年十月十四日，費利克斯．鮑姆加特納從十二萬七千八百五十二英尺高空一躍而下，大約是三十九公里，是最高的高空跳傘運動紀錄，比約瑟夫．基廷格在一九六〇年所跳的紀錄高出大約六．五公里；在一九六〇年，約瑟夫升高至十萬二千八百英尺高空，離地面約三十一公里，打破四項紀錄。有了約瑟夫的協助，加上紅牛公司（Red Bull）「運動顛峰表現團隊」（Peak Performance Team）的支援，費利克斯．鮑姆加特納打破紀錄，成為最高的載人跳傘飛行紀錄保持者，達到最長的跳躍時間（九分鐘又九秒），並且以每小時八百三十三英里的速率（約每小時一千三百五十七公里），創下最快的自由落體運動紀錄，達成最大平飛速度（每秒約四百二十五公尺），還成為首位打破載具外部音障的人，因為在他安全降落新墨西哥州沙漠之前，他歷經了生死存亡關鍵的自由落下，長達四分又十九秒。

那一天是個重大日子，儘管如此，費利克斯卻無法衝垮某項紀錄。他出了問題，安全帽出現一片霧氣，降落速度遠比他預料的還快，於是他堅持改進行應變計畫，提早在一千五百二十五公尺高空拉開降落傘的傘衣，因此無法達成最長時間的自由落體運動紀錄。不過他說「很高興把該項紀錄原封不動留給導師」。約瑟夫．基廷格創下該項紀錄，五十三年後，這個四分又三十六秒的紀錄仍屬於他。

人脈決定你的身價

「建立人脈，是最有效的行銷手法，可加速並永續維持任何個人或組織的成功！」

——亞當・斯摩爾（Adam Small），「納什維爾新興領袖」（Nashville Emerging Leaders）創辦人

在當今世界裡，「建立人脈」是其中一項最重要的成功技能，對於創業家和企業主而言，尤其如此。吉姆・邦奇（Jim Bunch）是「終極人生賽局」（Ultimate Game of Life）的創建者，他曾經說過：「你的人脈將會決定你的身價。」就我的人生來說，這句話證實為真。我花越多時間，有意識地建構並培育我的人脈，內含同事群、委託人、學生、顧客、粉絲等，我就變得更加成功。

事業與職涯都是由關係建構而成。人們相遇，以真誠關愛的方式，隨著時間過去而彼此互動，形成關係。我肯定大家都意識到了，統計學再三證實：人們寧可與他們認識、喜歡和信任的人一起做生意。

如果你是企業主，這裡有些能讓你更加投入建構人脈的誘因：

互相引薦並且促進業務：透過人脈引薦，通常都是高品質的，而且大多數時間甚至預先符合你的需要。隨著時間過去，你可以繼續採用這些薦舉，把他們轉為客戶。所以，比起其他形式的行銷，你可從人脈得到更高品質的引導。這種促進銷售的機會，或許正是大家建立人脈的最大原因，而且也會帶來其他好處。

拓展機會：每當你與其他動力滿滿的企業主聚在一起，就會帶來機會，像是創投合資、客戶引導、合夥關係、演說與寫作的機會，或是業務或資產銷售、投資機會，另外也會有更多事情浮現。

創造連結：俗語說「關鍵不在於你知道『什麼』，而是你認識『誰』」。這句話在商場上尤其真確。如果你真的想要事業成功，你的人脈裡就必須有絕佳的相關聯繫來源，在你需要他們時，你可以打電話給對方。

人脈將會提供你絕佳的聯繫來源，真正打開大門，與深具影響力的人對談，而這些是你可能在其他地方無法聯繫的人。並且切記：**事情不只是有關你直接與之往來的人，而是這些人也已經有自己專屬的其他完整人脈，你也可以妥善利用，取得好結果**。

況且，如同我們以下所論，這也不僅是有關你知道什麼或你認識誰，而是你們彼此有多麼了解，這才是最重要。

取得有用忠告：能與志同道合的企業主相談，也會給你機會，針對你的事業或甚至私人生活，取得各類事情的忠告。建立人脈，是一種絕佳方式，可以妥善運用忠告和專門知識，而這些是你在其他地方無法取得的。

我的朋友伊凡．米斯納（Ivan Misner）被CNN稱為「現代（商業）人脈之父」（Father of Modern Networking）。我請他在此分享他的人脈「價值圈過程」（VCP Process®）。在建立人脈時，人們容易犯重大錯誤，這項流程可以處理其中某項錯誤。伊凡是「國際商務平台」（Business Network International, BNI）的創辦人暨董事長。這是世界最大的薦舉組織，成員超過十七萬人，在五十五個國家有將近七千個分會。「國際商務平台」每年扶植了超過五百萬次的薦舉，為其成員產生高達六十五億美元的商業價值。

別把「直接推銷」與「人脈」搞混*

我最近參加某項大型人脈活動，現場大約九百人。我起身發表簡短談話，一開始先問觀

* 本段由伊凡．米斯納博士所述。

眾：「你們有誰今天來到這裡，是希望做點小生意，或者進行銷售？」絕大部分的觀眾都舉起手。然後我問：「你們有誰今天來到這裡，是想要買點東西？」沒人舉手，完全無人舉手！

這正是人脈連結中斷之處。

如果你來參加人脈活動，只希望賣出東西，那麼你是在作夢。**別把「直接推銷」與「人脈」混淆了**。有效的人脈是有關發展關係。我懂，我懂……總是有人在某處說著「但是，伊凡，我參加人脈活動，完成了一筆交易！」好吧！我不會說這種事絕無可能發生，確實有發生過沒錯。我只是在說，這種事的發生機率大概就像日蝕那麼多。偶爾有那麼幾次，企業家在人脈大會不小心碰巧遇到某些生意。然而，會場裡的大多數人都想努力賣出東西，可是現場幾乎沒人想買；假設在人脈大會裡，你認為機遇有利於你的「推銷」，那麼你會瘋掉。

所以，為何要去現場？你去到那裡，是因為人脈網路較為有關的是「培植」，而不是「獵取」。這是有關與其他公司專業人士發展關係。**有時候，參加人脈大會是要增進「能見度」（visibility）；有時則是要與認識的人建立進一步的「可信度」（credibility）**，才去參加活動；**而有些時候，你可能是要去見多年老友或點頭之交，然後做點生意，達到「獲利力」（profitability）**。不管是哪種情況，真正的成功人士明白：人脈活動是有關通往「價值圈過程」（VCP Process®），而非生意成交。

能見度：培養關係的第一階段

培養某段關係，第一階段即是「能見度」，也就是：你與另一個人彼此覺察。就商業而言，某個潛在的薦舉來源或潛在客戶變得能夠覺察你的業務本質，或許是由於你的公眾關係和廣告效果，或可能是透過你們兩人皆知的某人。這個人可能觀察你在執行業務方面的行為，或是與你身邊的人有所關係。你們兩人開始溝通，建立連結，可能是透過電話，針對產品可用性提出一兩個問題等等。你們在私下可能有交情，但是工作往來基本上是以姓氏相稱，對彼此所知甚少。許多這類關係的組合，形成了一種「非密切接觸」的人脈，是一種根據一項或多項共享利益而實際存在的交際。

「能見度」階段很重要，因為可以創造認同與覺察。你的能見度越大，你的名聲越能遠揚，也就越能取得其他人的資訊，越有機會曝露在更多機會之下，也越有更大機會，受到其他人或團體的接納，成為他們能夠或應該偏好事業往來的對象。必須要積極主動維持能見度，並加以發展；若非如此，就無法邁向下一個層級「可信度」。

---

* 伊凡．米斯納博士是《紐約時報》暢銷書作家，也是「國際商務平台」的創辦人暨董事長。這是世界最大的商業人脈組織。他也是「引薦研究苑」（Referral Institute）的資深合夥人，引薦研究苑是一家國際薦舉訓練公司。

可信度：可靠又值得信賴

「可信度」是一種「可靠又值得信賴」的特質。一旦你與你新認識的朋友開始對彼此形成期望，而這項期望實現了，你們的關係就進入「可信度」階段。如果彼此都從這段關係獲得信心、感到滿意，那麼這段關係將會持續強化下去。

只要做到準時履約、實現諾言、驗證事實、呈送服務，可信度就會增長。俗語說「成果不言自明」，這句話真的沒錯。若無法實踐期望，不論是明示或隱含的承諾，都會在關係開創新局之前，即已抹殺才剛萌芽的關係，也會創造出一種你不想要的能見度。

為了判定你有多麼可靠，通常人們會探問第三方。他們知道哪些人認識你很久，或者曾與你有業務往來，他們就會向對方詢問。這些人會為你擔保嗎？你是否誠實？你的產品與服務是否有效能？在緊要關頭，你是個值得託付重任的人嗎？

獲利力：雙方是否互惠

不論是商業或私人的關係，成熟的關係可從「獲利力」的角度來定義。這段關係是否互惠？兩位合作夥伴是否從中感到滿意？是否藉由提供利益給雙方，能夠自行維持這段關係？如果這段關係無法使雙方受惠而保持進展，很有可能無法長久持續下去。

那麼，需要多長時間才能通過每個階段，達到有獲利力的關係呢？要判定何時達到獲利力，並非總是很容易，是要花上一週？一個月？一年？在緊急需求的時刻裡，你與某位客戶的關係，可能在一夜之間從「能見度」發展到「可信度」。獲利力也確實如此，可能迅速發生，也可能耗費數年，最有可能的時間是在兩者之間。這取決於往來聯繫的頻率和品質，尤其是雙方是否渴望往前推進這段關係。

目光短淺，可能妨礙這段關係的充分發展。或許你是某位顧客，已經與某個特定廠商斷斷續續做生意幾個月，可是為了省錢，你不斷四處打探較低價格，忽略了這個廠商在服務、時數、商譽和可信度等方面而提供的價值。你是否真正從這段關係獲利，或你正在阻礙這段關係成長？假如你將所有業務交託給這位廠商，而不是到處尋找更低價的供應商，也許你能夠制訂出對雙方都有利的條款。「獲利力」不是經由討價還價而得，必須加以培養，並且如同「培植」一樣，也需要耐心。

針對薦舉推行過程裡的關係建構階段，能見度與可信度都很重要。但是只要你已經建立有效的薦舉創生體系，就能與許多人進入關係裡的獲利力階段。這些人也會因此為你引薦，帶來你想招募的顧客。

「獲利力」的焦點在於：**這段關係已經達到互惠階段，到了對雙方都起作用的地步**。這可以是薦舉、資訊、支援等等。你已歷經可信度，而現在這段關係裡，產生了有意義的相互回報。

當然，關係裡所謂的「獲利力」階段，不止局限於從薦舉獲得新顧客或委託人而賺錢。這樣的連結形式可能是有人幫你推出新創舉，或另行他法而幫助你壯大企業，也可能包括有管道接近某位導師或專業顧問，或是另一項產業的聯絡人，這些人能夠幫助你擴展市占率或進入新市場。或許也可能是有能力將你更多的工作量授權委派他人，大幅增加自由時間從事你的嗜好或興趣，或者花更多高品質的時間陪伴家人。

我與珍奈特・斯威策、我的夥伴帕蒂・歐柏莉（Patty Aubery）都知道，連結到一個健全而面面俱到的人脈多有價值。過去四十年來，我們從已經發展的連結裡，得到數百萬美元的事業收益。我們之間，已經聚集了超過五十萬個部落格讀者、五十萬個臉書粉絲，以及數百萬名顧客、委託人和學生，他們都遵循我們的「成功準則」運作。我們已經開發出數百名關鍵人物的私人聯絡清單，這些人有助於提供建議、指示、人名、點子、資源、行銷協助等。我的人脈包括「變革型領導理事會」（Transformational Leadership Council）、「全國自尊協會」（National Association for Self-Esteem）、「全國演說家協會」（National Speakers Association）、「演說家與作家人脈團體」（Speakers and Authors Networking

Group），再加上深受同仁喜愛的人類潛能運動人脈連結。在任何時候，珍奈特與我都能問彼此「我們知道有誰可以出力協助這項新創舉？」有信心能夠去找聯絡清單上面的人，短短幾天內，請人處理我們的需求與想要的事。這正是人脈的「實質」獲利力。

不論你參加指定的人脈活動或是身處極具潛力的人脈會場，像是商業集會、會談、大會或行業協會的會議，伊凡．米斯納提出通用有效的建立人脈建議。

人脈連結，隨處都有機會

「現身出面，就有八〇%的成功機運。」

——伍迪．艾倫（Woody Allen），奧斯卡金像獎最佳導演，編劇、演員、喜劇演員

在哪裡找到下一個人脈連結？你永遠無法預知。某個春天清晨，吉恩．麥當勞（Jean MacDonald）停在「當肯甜甜圈」（Dunkin' Donuts）這家店，購買咖啡。長長的隊伍已經排到門口外面，但是她渴望緩解咖啡因癮頭，於是決定等候。她站著排隊，前面的女士跟她說話：「看到這樣的人潮，我真該擁有一家這樣的店面才對。」

有了這樣的開場白，吉恩與她開始閒聊，她說自己是創業家，專門幫助女性看起來更好，感覺更好。吉恩繼續說自己與玫琳凱化妝品公司（Mary Kay Cosmetics）有合作關係，而這是絕佳機會。隊伍前方那位女士說自己是女童子軍團的領導人，而她正在找人前來向這些女童軍談論皮膚保養事宜。吉恩記下她的聯絡資訊，告訴她會保持聯繫。

同時，她們身後的某位女性聽到對話，就跟吉恩說自己是一名護理師，對玫琳凱的護手產品很有興趣。對方問吉恩能否到她辦公室一趟，提供精心護理。吉恩也記下她的資訊。

不過事情沒有到此結束。那位女性後方的男士後來也加入了，跟吉恩說他的妹妹喜愛玫琳凱產品，可是卻沒有商品的銷售代理資格。吉恩也記下他妹妹的聯絡資訊。

三個強力引路人，全都是在排隊的閒聊過程中認識，而且全都在早上七點半之前完成。

但是故事尚未完結。因為在當下，吉恩所做的僅是穿針引線，他們全是強力的引路人，但是不管怎樣，都帶頭起了作用。

「人生有九九％的成功來自跟進行動。」

——肯特．海利（Kent Healy），

《青少年的成功原理》（*The Success Principles for Teens*）共同作者

建構人脈，遠不止於只是認識別人而已。這攸關後續追蹤，貫徹到底，持續連繫，並且反覆重新建立連結。

吉恩聯絡那位女童軍領導人，她為十二名女孩和幾位母親提供精心護理。女童軍團長如此喜愛她所做的事，聘請她擔任團隊裡的新顧問。

那位護理師對產品十分滿意，於是她與吉恩預定一對一的個別預約，也變成了玫琳凱的新顧問。

現在，臨門一腳的人來了。在排隊時，那位與她說話的男士，他的妹妹是當地禮儀師。她告訴吉恩，說她把玫琳凱產品用於她所有的「顧客」身上，她很喜愛產品呈現出來的妝容。沒想到這些產品也能讓遺體肌膚光澤亮麗！最後，她將吉恩推薦給當地幾家殯儀館，吉恩因此達到價值將近三千美元的產品銷售額。

由於這些人脈連結，吉恩的團隊成為女童軍社群裡的領袖；他們與許多護理師、醫生診所和喪葬承辦人一起開發事業，而且吉恩的團隊賺到他們第一輛粉色凱迪拉克。

這個故事的寓意是：你絕對不知道你會在哪裡找到下一個人脈連結。一旦找出這樣的連結，請務必做後續追縱，取得結果。

「世界上最有錢的人尋求建立人脈，其他人卻是在找工作！」

——羅勃特・清崎（Robert Kiyosaki），
《富爸爸，窮爸爸》（*Rich Dad, Poor Dad*）作者

與別人分享自己的目標

二〇一四年五月七日，瑪莉安姆・隆黛（Miriam Laundry）達成她的個人目標：幫助十萬名孩童找回力量。她因此締造新的金氏世界紀錄——「在二十四小時的期間內，完成最大型的線上讀書會」。金氏世界紀錄評判員核實了總共三萬三千六百九十五份官方評論。至於非官方評論，則是有二十九個國家的十萬三千八百一十三人共同參與。

她回顧自己的成就，她說「建立人脈」這項成功準則對她幫助最大。

在我上星期的「輔導員培訓課程」（Train the Trainer program）期間，瑪莉安姆向某位在場學員分享她的突破性目標。她的目標是什麼？請孩童閱讀她所寫的童書《我能夠相信自己》（*I CAN Believe in Myself*），然後在二〇一四年六月一日之前，幫助十萬名孩童找回力量，相信自己。為了成就這件事，她的策略是要試圖得到金氏世界紀錄。

有人問她，為何選擇該項專案與那個日期。她解釋：五月七日正好是加拿大「心理健康覺察週」（Mental Health Awareness week）期間。至於她寫書的目的，則是源自她的姪女自殺身亡，她想教導孩童保有正面積極的心理健康。

另一位學員告訴她，說他的某位同事創辦了「溫氏鼓舞日協會」（Winspiration Day Association），於每年五月七日舉辦慶祝大會。他詢問能否向她索取幾本書。幾個月後，瑪莉安姆接到來自瑞士的電話，對方正是那間協會的創辦人。他已經研究過她的專案，想邀她出席二〇一四年的「溫氏鼓舞日獎項」（Winspiration Day Award）。

這間組織的創辦人充分支持她的金氏世界紀錄企圖心。他也代為聯繫一家名為「日研」（Nikken）的國際公司，對方邀請她與「日研」歐洲分公司的常務董事進行會談。看起來聽聞她目標的每個人都想幫她。

日研出資幫她嘗試達到金氏世界紀錄，包括舉辦一場國際大會的費用。日研舉辦一場全球視訊會議，成員來自公司在二十六國的據點。他們訪談她的願景，以及她為何想要幫助孩童。日研建議她：著手進行群眾募資活動，由大家捐款出資幫忙支付一萬五千元加拿大幣費用（約新台幣三十六萬元），請一位相關的金氏紀錄評判員前來她的城市，也就是加拿大聖凱薩琳（St. Catharines）。

瑪莉安姆沒料到，他們的幫忙與支持產生重量級影響力；她開始每天收到書籍訂單，來自許多國家，像是德國、澳洲、奧地利、菲律賓、俄羅斯、荷蘭、英國，還有越來越多國家。至於她的成功祕訣？**建構人脈**！

她開放心胸，與別人分享自己的目標，一切也由此展開。她說：「每當與人分享自己衷心企盼的目的與願景，對方皆躍躍欲試，提出幫助；對我來說，這是最不可思議的事。」

「你絕對不知道自己的講話對象是什麼身分、他們認識了誰、他們的觸發點是什麼。我與某位在場學員分享我的目標，居然促使我獲頒頗具聲望的『溫氏鼓舞日獎項』，也為我的目標找到財力支援，達成金氏世界紀錄，更重要的是，有數十萬名孩童找回力量，在世界各地，全都學會『我辦得到』的心態！」

45 聘請私人教練

「除非接受教練指導，否則人類絕對無法發揮最大能力。我絕對相信這一點。」

——羅伯特・納德利（Robert Nardelli），美國家得寶公司（Home Depot）和克萊斯勒集團（Chrysler）前任首席執行長

能夠打進奧運的選手，肯定有一個世界一流的教練。專業的足球隊進入體育館時，肯定有一整個團隊的教練在場，有總教練、進攻教練、防守教練、特別團隊教練。不過，這幾年以來，「教練指導」也轉進商界和私人領域，包括那些在你興趣方面已經成就非凡的教練，而這些人能夠幫助你更加輕鬆快速，從你目前的境況起頭，達到你想要的境地。

與優秀教練一起合作

在通往成功的路途上，為求加速這趟旅程，在成功人士所做的事情之中，「與優秀教練一起合作」名列清單首位。教練將會幫你釐清你的願景和目標，支持你克服恐懼，使你保持專注，正視你無意識的行為和舊有模式，期待你全力以赴，幫助你按照自己的價值觀而活，教你如何事半功倍，使你聚焦於自己的核心天賦。

收穫大於金錢價值

我有許多教練，幫我達成目標。我的教練有商業教練、寫作教練、行銷教練與私人教練。不過有一點無庸置疑，當年我聘請某位教練，協助我將事業提升至下一個層級，讓我在人生各方面往前大躍進，這是對我最有幫助的教練經驗。

成效有哪些？首先最重要的是，我的自由時間立刻雙倍增加。我將更多工作任務授權委派他人，排定假期，而非只是單純想想，並且額外僱用職員。最後，我的事業穩當，賺到更多錢，而這只不過在起初幾個月內就產生效果了。

我的事業不僅獲利，我的家人也同樣受益。

對我來說，「教練指導」不僅攸關賺到更多錢，雖然有絕大部分的教練指導都是聚焦於賺到更多錢、管理得更好、談妥財務計畫，使你獲得想要的那種自由。找到教練指導我，是幫助我為自己和事業制定更佳決策。事實上，大多數有教練指導的客戶都很聰明，極其聰明，然而，他們仍知道若能接近某人，請對方針對自己所面臨的選項，提出客觀誠實的建設性意見，是一件多麼有價值的事。

為何教練有用？

「主管教練不適合溫柔小綿羊，他們適合那些重視明確意見回饋的人。如果要說教練有什麼共通點，那就是他們冷酷無情，以成果為導向。」

——《快速企業雜誌》

不管課程是否旨在達成特定業務目標，比方說增加你房地產的房源，或僅是用來幫助你釐清思緒，讓你的私人生活與職涯專業各方面都能進步，擁有一位教練，可以幫你完成下列事情：

- 判定你的價值觀、願景、使命、目的、目標
- 判定特定行動步驟，幫助你達成這些目標
- 徹底理清機會
- 保持專注在你的首要之務
- 使你達到更棒的生活平衡，同時實現你的事業或生涯工作

身為人類，我們容易只做被要求去做的事，而非我們實質想做的事。私人教練能夠幫助你發現你真正想做的事，也可幫你判定步驟，採取所需行動、達到目的。

《成功準則》就是貨真價實的教練指導

由於我個人的教練指導很成功，並且堅信教練指導也能為其他人發揮相同力量，我開發了自己的教練指導課程，支持大家實施《成功準則》。

依照我的經驗，對於那些能為自己創造新人生、實現夢想的事，人們通常避之唯恐不及。教練指導的真正價值在於：如何經由教練指導，協助你做出這些改變。不論是要替換那些使你裹足不前的壞習慣，或是要精煉良好習慣成為絕佳習慣，教練懂得如何幫你從自我和環境得到更多收穫。我們的教練很可靠、擅長激勵人心、洞察力深刻、很有動機，而且擁有堅定不移的愛心，這些全都促使你從目前境況起身而行，達到你想要的境地。他們也會幫助你踏出舒適圈，建構所需的成功日常準則，以便達到你的目標。

學員從我們的教練課程結業後，通常都能在遠比所想的時間內，更快地達到更多成就，成果遠超乎自己所能想像。對他們來說，教練指導大幅增加自己的成功規模和速度。

我們的坎菲爾教練課程結業生寄給我許多感謝函，以下摘錄幾篇：

自從展開這趟旅程，我已經創造持續不斷的事業流，建立更強大的顧問團隊，持續努力朝我的目標邁進，成為我直銷公司裡的董事。我也挪出更高品質的時間，陪伴我兩個年幼的兒子、我的先生與全體家人。

——賓夕法尼亞州俄亥俄派爾市（Ohiopyle）的翠西（Trish C）

我閱讀《成功準則》這本書，真的感到非常振奮，但我不清楚如何吸收所有資訊。

我的教練把這些資訊變得極為容易應付。我享受自己的日常儀式：冥想、肯定句、「五事規則」（Rule of 5）、檢討每一天、規劃隔天，還有鏡像練習（mirror exercise）。這些現在全都是我每一天的常規。我的肯定句開始真正成為現實。每當我的肯定句真正照著我視覺化的方式發生，我特別激動。我打破舊習，學會新的習慣，改善我的組織技巧。我現在有辦法將自己的目標細分成為能夠達到的任務。不論何時，只要我有需要，我有自信提問並尋求建議或幫助。我現在以自己為優先，就算對人說「不」，也不會覺得愧疚。在這麼短時間內，我的人生改變這麼多，我簡直不敢相信。

——紐西蘭陶波市（Taupo）的莎莉安（Sally-Ann D）

以下是典型的成功故事：

當時您給我機會，與你們其中某位教練對談，我那時還得思考好幾小時。多年來，我一直想要有個教練，但是我很害羞，裹足不前，不敢追尋。這個時機點實在太完美不過了。當時我正瀕臨新事業生死關頭的邊緣，手上有幾本書正在籌備中。不過我知道，我的障礙物阻止了我儘量發揮充分潛能。時機正好到來，我突破了最後幾道關卡，而且我知道自己需要一對一的幫忙，助我衝向終點線。我深呼吸，打了一通電話，向我積習已久的失敗主義方式說再見。

多虧有您、您的課程、您這本絕妙好書以及我的厲害教練，我的內在發生了這樣的轉型，簡直令人驚嘆萬分。我的教練當場注意到我是完美主義者，而我過去總是以此感到自豪。但是他協助我，看出我的完美主義如何對我與我的表現產生非常負面的影響，並且引導我朝向更好的事物：追求卓越。

我當時處於筋疲力盡的邊緣。我覺得必須去做每件事，而一切事情全都壓得我喘不過氣，我幾乎快溺死了。您的書對我這方面產生極大助益。您的時間管理系統幫助我保持專注，更加有效運用我的時間，即使休息也不再覺得愧疚。我現在感覺好多了！

我的《成功準則》到處都有書頁折角。我經常翻閱，還常發現自己引用書中的話給其他人。這本書實在精采出色。不過，能有一個教練導引我經歷整個過程，強制我貫徹始終，這正是最大的好處。有人照看著我，我不能臨陣退縮，也不能跳過那些令我不適的事物。我去做自己深感畏懼的事，比如說，為目標訂定日期。我以為腦子可能會爆炸，可是我辦到了！我打了幾通心驚膽顫的電話。我學會向陌生人自我介紹，並且主導社交場合。我向人尋求幫助。我懂得說「不」。我學會聚焦於我的成功，以日誌記錄這些成就。我每天照鏡子，告訴自己「我是這麼棒的人」，以及「我的所作所為實在太讚了」。

我發現自己主動去做學過的事情，這些都成為習慣。在需要時，我發現自己學過的東西都能輕易浮現腦海。這就好像我腦袋裡現在有一個教練，每當必要時刻，這位教練就會對我說話，指引方向。我四個月前的生活運作方式與我現在活出人生的方式，兩者根本無從比較。一切都變得更好了！

——荷蘭阿珀爾多倫（Apeldoorn）的裴萬尼（Pavanne V）

我精挑細選，聚集了一些全業界裡最厲害的教練，並且親自訓練這些人。我知道，從結果面而言，我們持續在一百零八個國家培養出超過五千五百人，而他們也將幫助你，在人生各方面產生卓越非凡的成果。簡而言之，他們能夠幫助你翻轉人生。

在坎菲爾教練計畫中，你可以選擇透過電話或 Skype 進行個人或小組輔導。無論是哪種型態，持續成功的關鍵是定期聯繫。在輔導過程中，你將與教練攜手訂立積極、理想和可行的目標、策略和行動計畫。我們能透過電子郵件和電話對許多輔導計畫提供支援。在坎菲爾教練計畫，在課程間的空檔，更可致電每一位坎菲爾教練小組的成員。

成為作家，也能帶來指引

無庸置疑，為了加速我的成功，我所做過最棒的某件事即是成為作家。經由著書立言與出版書籍，你可以分享你的想法，影響更多人。成為作家，為你建立威信，讓你立足成為專家。對於許多人來說，這也是一種宣傳手冊，描述你的工作，由其他人付費購買。現今世界充斥大量電子書與自費出版的選項，著書立言遠比以往更容易了。

有兩年時間，我任職於內城區某一所高中與就業訓練中心，教導弱勢青少年。一九七六年，我寫了我的第一本書《一百種增強自我概念的方法》。那本書銷量超過四十萬本，幾乎在一夜之間，改變了我的職涯與人生。我成為教育界公認的權威，吸引大量有償演說邀約。更重要的是，我開始聽到全國各地的老師說，他們如何使用我的策略，正面影響他們的學生。第一本書最後造就了我與別人合著《心靈雞湯》系列書籍，現在囊括四十六項《紐約時報》暢銷書排行榜，全世界總銷量超過五億本。我的人生大為改變了。

成為作家，在這麼多方面都改變了我的人生，既然如此，我的其中一項使命就是要協助其他人出書，與世界分享他們的訊息。為了實現這一點，我與史提夫．夏理遜（Steve Harrison）成為隊友。他曾經幫助過一萬兩千多位作家，包括我與《心靈雞湯》系列。他使這些作家成功寫出書籍並加以推銷，創造「暢銷書藍圖」（Bestseller Blueprint）這項線上訓練課程（其中包括某些現場的電話教練會議），針對書籍的寫作、出版、行銷各方面，提供循序漸進的說明指示。除了我自己實證的方法，我們還納入其他暢銷書作家的策略和建議，例如：《一週工作4小時》作者提摩西・費里斯、《男人來自火星，女人來自金星》的約翰・葛瑞、《愛，不需理由》（*Love for No Reason*）的瑪西・許莫芙（Marci Shimoff）、《一分鐘經理》的肯・布蘭查德等。

人人都要學會擔任教練

我相信人人應該學會擔任教練。只要知道教練指導的基本步驟和技能，就能成為更好的父母、配偶、教師、經理、網路行銷人員、運動教練，甚至是更好的朋友。如果你想將教練指導加進你的技能中，《突破式成功的教練指導》（*Coaching for Breakthrough Success*）也是良好資源。這本書的作者是我與彼得・齊，他是馬來西亞吉隆坡「訓練開發機構」（ITD World）的首席執行長。這本書涵蓋三十條教練指導原則的中心要義，解說教練的角色和助益，並且提出「情境教練模式」的六大範式，涵蓋成功之道的六項典範，也就是目標、探索、分析、釋放、決定、行動。該書提供許多技巧，用來助人克服關卡，達到成效。

46 定期跟團隊進行「謀略策劃」

「若有兩人或更多人本著和諧精神，相互協調配合，並且努力朝著明確的目標或目的邁進，他們是透過團隊結盟，設身處地，從『無窮智慧』的寶庫裡，直接吸收力量。」

——拿破崙・希爾

只要談及解決問題或創造成果，我們都知道「三個臭皮匠勝過一個諸葛亮」。所以想像一下，若擁有一個常設群組，成員有五到六人，他們每週或每兩週見面一次，目的是要解決問題、腦力激盪、人脈連結、激勵並鼓舞彼此。

這項過程稱為「謀略策劃」（masterminding），是本書所提出的其中一項最強效的成功工具。在我認識的人裡，沒有一個人未曾運用「謀略策劃」準則就達到超級成功的結果。

駕馭智囊團的力量

一九三七年，拿破崙．希爾在他的經典之作《思考致富》，首次寫到「智囊團」。在全世界所有最富裕的實業家裡，範圍從二十世紀早期到當今現代企業風雲人物都有，他們都曾駕馭這種智囊團的力量。每當成功人士要歸功任何事幫助他們成為百萬富翁，這是他們最常提到的某項概念。

安德魯．卡內基有一個智囊團。亨利．福特也是。事實上，福特都會與聰明絕頂的策士進行謀略規劃，例如湯瑪斯．愛迪生與哈維．費爾斯通（Harvey Firestone），他們都會在佛羅里達州麥爾茲堡（Fort Myers）的避寒宅邸裡，召開小組會議。

他們深諳此道，正如數百萬人發現的道理一樣，智囊團能夠把特殊精力聚焦於你的努力，其形式可以是知識、新點子、引介、龐大陣仗的資源，而最重要的是「精神能量」。拿破崙．希爾侃侃而談的正是這種精神層面。

他說，如果我們與幕後操縱者協調一致，幕後操縱者也就是上帝、源頭、宇宙力量、無窮智慧，或任何你用來指稱「無所不能的創意生命力」的詞語，我們會有更加顯著且正面積極的能量與力量，可供我們運用，這種力量能夠聚焦於我們的成功。就連《馬太福音》第十八章第二十節也這樣說：「哪裡有兩三個人奉我的名聚會，哪裡就有我在他們中間。」因此，「謀略規劃」不但是源自我們彼此產生的創造力量，也是來自上天賜予的創造力量。

聚在一起，用更少時間成就更多事

「智囊團」的基本哲理是：只要人們聚集在一起，就能以更少時間來成就更多事情。智囊團成員定期聚會，可能是每星期一次、每兩週一次或每月一次，以便分享點子、想法、資訊、意見回饋、交流、資源。藉由取得小組其他人的觀點、知識、經驗和資源，你不但可以大為擴展自身原本受限的世界觀，還能夠更快往前推進你自己的目標和專案。經由擔任有效智囊團成員，你將看到自己無法預料的機會，並且獲得始料未及的助益。

可以找你自身產業的人擔任智囊團成員，或是找各行各業的專業人才擔任。這個小組要能聚焦於事業議題、私人議題，或兩者兼具。但是，為了讓智囊團變得強力有效，大家必須覺得充分自在，彼此說出真話。智囊團成員給我許多最寶貴的意見回饋，我收到的其中某些意見包括：當面質問我過度承諾、我的服務報價太過便宜、專注瑣碎小事、不夠充分授權、思考範圍太小、只想打安全牌。

彼此保密，使大家建構出某種程度的信賴。在表象世界裡，我們通常會管理自身的私人形象和企業形象；在智囊團裡，參與者可以直言不諱，說出自己私人生活和事業生活的真相，並且覺得安全無虞，他們在小組裡所說的話都不會傳出去給別人聽到。

加入新想法、新人員和新資源

建構自己的智囊團時，可以考慮一起引入不同專業領域的人，以及那些在專業面或財務面比你「遠勝一籌」或「領先群倫」的人，還有那些能夠介紹你加入人脈網路和資源的人，而這些都是你平常沒有管道可以接近的人。

與你領域之外的人謀略策劃，雖然當下的益處並非顯而易見，但實際上，我們很容易受困於自身專門知識領域，透過同樣狹隘的眼界看待事物，所作所為與自己業界其他人如出一轍。但是只要你聚集不同產業、專業或研究領域的人，就能針對相同主題獲得許多不同觀點。

亨利．福特是生產線專家。湯瑪斯．愛迪生是投資人。哈維．費爾斯通是企業管理天才。所以他們組成的智囊團聚集了多元化的天賦才情，能針對其他人的挑戰提出不同觀點，不論是在法律面、財務面或關係面。

其他的謀略策劃群組已經協助成員開疆拓土或挽救事業、轉換工作、變成大富豪、成為更好的父母、教學相長、成為更好的社會改革倡議人士、改善我們的環境等。

組成智囊團的重要關鍵

不管你的小組目的是什麼，重要關鍵在於所選之人已經身處你人生想要達到的境地，或至少層次比你高。如果你的目標是要成為大富翁，而你目前年薪只有六萬美元，你可以聚集那些收入已經比你高的人，更佳能實現你的目的。若你擔心那些比你達到更高層級的人可能不想加入你的小組，切記你是這項會議的召集者與促進者，你正在籌備、支持並建構一個論壇，是為了他人的成長與智囊需求。許多較高層次的人會想要參與其中，僅是因為他們想要玩一場遊戲，而這場遊戲是他們可能從未撥出時間自行籌備的遊戲。他們可能會很高興要與你所邀之人一起進行謀略策劃，尤其是如果其他人已經達到他們的等級。

智囊團的理想規模

智囊團的理想規模是五到六人。只要少於這個人數，就會失去動力。如果規模太大，又會變得笨重不靈活，會議時間變長、有些人的需求可能達不到，私人的分享也會降到最低程度。然而，一個多達二十人的較大型群組，若能週期性的私下聚會一整天或更久，即可說是運作得非常成功。

也可考慮另一個選項，那就是加入一個專業推動的智囊團，或請一位專業推動者來加速你的謀略策劃，這個人全權負責一切，範圍從發出通知單到主持會議都有，全都根據這項實證的成功公式來進行*。

定期舉行智囊團會議

應該每週或每隔幾週舉行智囊團會議，小組的所有成員皆應出席。這些會議可以親自出席舉行，或透過電話、Skype或Google hangouts軟體來進行。理想的時間長度大約是一小時到九十分鐘。如果會議時間可能超過一小時，小組每位成員必須充分允諾撥出這麼多的時間，這點非常重要。

在最初幾場會議裡，建議每位成員能有完整一小時的時間，熟悉其他人的個別狀況、機會、需求與挑戰，同時互相提出問題、釐清狀況，腦力激盪想出辦法，能夠支持那位人士。在稍後的會議裡，每位與會人士可有些許時間，大約每人十分鐘，為其他人提出最新資訊、尋求協助，並獲得意見回饋。

智囊團會議應定期持續進行，每次開會也應遵循經過實證的固定步驟，以確保每位參與者的需求都能滿足，並持續充分參與其中。你只需要完成七個步驟和一個相當有幫助的工作表，就能完美運作和主持智囊團會議。

從徹底絕望到滿懷希望

二〇一〇年，來自希臘雅典的吉兒．杜卡（Jill Douka）從我的「突破成功」

* 從我開始親自訓練他人以來，其中一位最厲害的專業智囊團推動者，就是羅伯特．麥克菲（Robert MacPhee）。透過電話、Skype 或 Google Hangouts 軟體，他能加速推動現正進行中的團體，而且能夠出差，親自主導一整天或數日的團體。想知道關於羅伯特．麥克菲更多的資訊，請上 www.TheSuccessPrinciples.com/resources 網站。

（Breakthrough to Success）訓練課程結業，並承諾與其他五位來自不同國家的參與者一起組成一個智囊團。

當時希臘經濟衰退，開始變得難以應付，吉兒發現自己期待與智囊團成員透過 Skype 和 Google Hangouts 軟體進行線上會議。每隔兩週，她會花一小時的時間，不使用「危機」、「拖欠」、「失業」、「債務」等字眼。

透過她的智囊團，她得知印度清奈（Chennai）的ＴＥＤ演說論壇，而且在那裡發表她的第一場國際演講。搭機返回希臘的途中，某個點子進入她的腦海。與其只說「點子值得散播」（這是ＴＥＤ的絕妙概念），要是我們創造出一個散播「解決辦法」的全球平台，又會怎樣？

她會提供互動式的一日活動研討會，然後上傳影片到 YouTube，如此一來，全球各地的人皆能從中獲益。

「美好生活日」（Better Life Day）因此於焉誕生。

一開始，由於希臘的經濟危機如此深不見底，人民上街示威抗議，讓她覺得若在這種時刻和朋友討論她想在雅典創造一個名為「美好生活日」的活動，會很尷尬。但是，當她與智囊團討論這個點子時，沒想到他們欣喜若狂。她說：「我絕不會忘記他們鼓勵我的方式，要我繼續向前，在雅典創造『美好生活日』。如果沒有他們持續不斷的鼓勵與支持，我不可能往前走下去。』

第一次在雅典舉辦的「美好生活日」有五百位參與者，擁擠得水洩不通，另外還有三百人觀看線上直播，也受到七十位志工和五十七家公司的支持。收到的意見回饋令人難以置信。眾人走過集會地點的長廊，每個人看起來都像是吃下了快樂丸。團隊收到了大量的電子郵件與臉書訊息，大家感謝他們提供以解決辦法為基礎的正面展望。而其中最大的禮物是：因為這場盛會，吉兒認識了她的先生！

吉兒在「突破成功」訓練課程中認識了塞爾吉奧．席達（Sergio Sedas），他也曾在TED論壇發表演說。接下來的十一月，他們在墨西哥蒙特雷市舉辦第二場「美好生活日」。超過四千個蒙特雷居民參加這場以解決辦法為基礎的互動式研討會，節目主持人來自美國、墨西哥、加拿大和百慕達。

吉兒收到很多智囊團的點子、鼓勵和意見，有了智囊團的支持，讓她成功挺過這一切。每月投資兩小時的時間，獲得的效果不差，對吧？

吉兒說：「除了所有的這些成就，能有五個真摯情感的人站在我這邊，讓我能分享自己全部感受，從徹底絕望轉為歡欣雀躍，這種感覺是無價之寶。」

選擇你的問責夥伴

除了參加智囊團，你或許也可以選擇與我所說的「問責夥伴」（accountability partner）一起共事。你們兩人協定一組目標，各自朝目標努力前進，並且同意定期透過電話進行會談，彼此互相問責，以求在截止期限內完成、實現目標、不斷進步。

你們約定時間，每一天、每一週或每隔幾週，同意打電話給彼此，確認你們兩人都已貫徹自己規劃的行動。知道自己必須向某人呈報，可提供額外動機，好好完成工作。如果你是獨資創業家，而且是在家工作，這是可供發展的一種特別有用的關係。知道你將在明天早上與你的問責夥伴對談，那麼今天你更有可能深具生產力。

你也可以要求你的夥伴分享點子、資訊、聯絡人、資源。你可以向你的夥伴竭力遊說你最新的點子，然後要求意見回饋「你的意見是什麼？你會如何著手進行」。你的夥伴可能同意為你打一通電話、給你一個聯絡人姓名，或是針對這項專案，把他或她已經蒐集到的某些資訊寄到你的電子郵件信箱。切記，「問責電話」（accountability call）不是教練指導電話或社交電話，這點很重要。電話要保持簡明扼要，聚焦主題，問責合夥關係才會運作得最好，也能維持得最久。

每當你因為阻礙、心煩意亂、挫折或失敗而心神黯淡，問責夥伴也可提供熱忱。**要有成**

功的問責關係，關鍵在於：要選擇一個興奮且積極想要達成個人目標的人，正如你想達到自己的目標那樣；而這樣的人致力於讓你成功，也讓別人成功。

47 挖掘深藏自身的大智慧

「腦部研究學者估計：潛意識資料庫勝過意識資料庫，比重超過一千萬比一。潛意識資料庫是你不為人知的天賦才情來源。換句話說，某部分的你遠比現在的你還要聰明許多。睿智人士會定期請教那個較為聰明的自己。」

——邁可·葛柏（Michael J.Gelb），《發掘你的天賦》（*Discover Your Genius*）作者

根據古老的傳說，以前曾有一段時代，普通人都有機會取用眾神的全部知識。然而一次又一次，大家忽略了這項智慧。某一天，眾神實在厭倦了平民百姓不使用這份免費賜予的禮物。於是眾神決定隱藏這份珍貴智慧，唯有最專心致力尋求的人才可發現這份智慧。祂們相信：如果人類必須奮力才可發掘這份智慧，人類就會更加小心運用。

某位天神建議把這份智慧深埋地底。

其他人反對，因為有太多人能夠輕易挖掘出來而使用智慧。

某位天神建議：「我們把這份智慧藏在海裡好了。」但是這個想法也遭到否決。祂們知道，總有一天，人類將學會潛水，因此能輕鬆找到這份智慧。

某位天神建議把它藏在最高的山頂，但眾神很快就一致認定人類也能爬上高山。

最後，某位最睿智的天神建議：「我們把這份智慧深藏在人類自己身上。他們絕對想不到要往自身探索。」然後大事底定，並且一直持續到今日。

信任「平靜無波的內在小聲音」

就我們大多數人而言，我們接受的早期教育和訓練，都是專注於探求身外之物，為我們的問題找到答案。我們鮮少有人受過訓練探索內心。然而，多年以來，在我所認識的成功人士之中，大多數人都曾經開發自己的直覺，學會信賴自身的本能，遵從自己內在的指引。許多人練習某種形式的日常冥想，獲取自己內在的聲音。

伯特・杜賓（Burt Dubin）以前曾是成功的不動產投資人，現在創造了「伯特・杜賓演說成功系統」（Burt Dubin Speaking Success System），服務世界各地的演說家。他全然信任自己的直覺。有一段時間，他一直想在亞利桑那州金曼市（Kingman）購買一個獨棟房產。他知道這項投資很棒，但他一直找不到當地待售物件。某天晚上，他一如既往準備就寢，卻在半夜三點醒來，有個清楚的內在訊息告訴他：現在就開車去亞利桑那州金曼市！

伯特發現這有點怪異，因為就在同一天稍早，他已經打電話給金曼市的房地產經紀人，對方跟他說那裡沒有獨棟房產刊登待售。但是伯特已經學會信賴他的內在訊息，他立刻坐進車內，連夜開車，在早上八點抵達金曼市。他走進豪生國際酒店，買了一份報紙，翻到不動產副刊，看到某間獨棟房產待售。他直接前往房仲業者辦公室，時間是早上九點，然後在九點十五分之前，簽下那間房產並且交付託管。

但這怎可能發生？前一天，他才打過電話，發現沒有任何獨棟房產待售。但是就在隔天凌晨四點三十分，某個屋主從紐約打電話，要出售他的房產，因為他需要錢。由於時間太晚了，房仲無法把該項物件列入房源共享清單，但是知道週末的報社直到早上五點才下班，於是他打電話給報社，刊登一則廣告。

由於伯特信賴他「平靜無波的內在小小聲音」，他甚至早在其他人知道這個房產存在之前，就已經設法購買這個上等房產。

企業大亨康拉德．希爾頓（Conrad Hilton）創辦了希爾頓酒店集團公司（Hilton Hotels Corporation）。當時他想買下拍賣中的史蒂文斯公司（Stevens Corporation），所提交的密封投標價格是十六萬五千美元。隔天早上醒來，他的腦海浮現「十八萬美元」這個數字，於是迅速變更他的投標價格為十八萬美元，成功得到這家公司，並且賺到兩百萬美元利潤。第二高的投標價格居然是十七萬九千八百美元！

不論是房地產投資人在半夜聽到內在聲音、偵探依照預感而使案子絕處逢生、投資人就是知道何時退出市場，或是美式足球線衛能夠嗅出四分衛接下來玩什麼把戲，成功人士都會信賴他們自己的直覺。

你也可以運用自己的直覺，賺更多錢、做出更好的決定、更快解決問題、釋放你的創造天賦、看出別人的隱藏動機、構思新事業，並且創造致勝商業企劃和策略。

人人皆有直覺

「我們需要的所有資源都在腦中。」

——西奧多．羅斯福（Theodore Roosevelt），美國第二十六任總統

直覺並非僅限於某類人士或通靈者才有。人人皆有直覺，每個人也都曾體驗直覺。你是否曾經想著你的老友傑瑞，然後電話響了，剛好就是傑瑞打來，而他正巧也想到你？你是否

曾在半夜醒來，覺得你的其中一位子女出事了，後來真的發現，就在那個時刻，你的兒子捲入車禍？你是否曾經覺得脖子後面一陣灼熱感，然後轉頭過去，發現室內另一邊有某個人瞪著你？

我們都曾經歷過這樣的直覺，所以祕訣在於要學會隨心所欲使用直覺，獲得好結果，達到更大層級的成功。

利用冥想，提升洞察力

我在三十五歲那年，參加冥想靜修，永久改變了我的人生。在整個星期裡，我們靜坐冥想，從早上六點半一直到晚上十點，僅在用餐時間和悄然漫步時，才稍作休息。起初幾天，我認為自己可能會瘋掉。多年來，我一直睡眠不足，我可能會睡著吧！或者隨著我檢視過往的每項經驗，我的腦袋思緒亂飄，從某個主題跳到另一個主題，規劃如何改善事業，然後納悶我幹麼坐在冥想大廳，而我認識的其他人此時正在外面享受人生。

在第四天，意外精采的事發生了。我的腦袋變得安靜，我進入某種境界。從這樣的境界裡，我僅是目睹身邊發生的一切，不帶任何批判或依附。我察覺聲響、身體感官知覺、內在和平的深刻感受。思緒依然進進出出，但是步調已經不同，型態也不同了。思緒變得更加深沉，或許可以稱之為洞察力、深層理解、智慧。我看到了以前從未見過的連結。我了解我的動機、恐懼與更深層的渴望。對於我人生過去面臨的問題，我的意識浮現創意的解決辦法。我覺得輕鬆、冷靜、覺悟，也比我以前的感受更加清晰。那些要求表現、自我證明、自我解釋、符合某些外在標準、滿足他人需求等等的壓力，全都消失了。取而代之的是深層的自我領悟，以及我的人生目標。每當我專注於自己最深刻由衷的目標和渴望，解決辦法就會湧入我的腦海，出現我必須採行的清晰想法和步驟畫面、我必須對談的人是誰，以及如何超越我可能遭遇的任何阻礙。這真是太神奇了！

我從這項經驗學到：**我需要用來完成任務、解決問題或達到任何目標的全部想法，其實全都存在於我的內心。**從那時起，我一直使用這項寶貴的直覺洞察力。

定期冥想，有助清除心煩意亂的情緒

定期實踐冥想，將有助於清除心煩意亂的情緒，教你如何認出內在的微妙衝動。想像有一些家長，坐在操場邊緣的長凳上，周遭充斥孩童笑聲，彼此大聲叫喊。在所有噪音之間，家長們可從操場的其他聲響裡，分辨出自己小孩的聲音。

你的直覺也以同樣方式運作。隨著你靜心冥想，變得更加靈性協調，你就越能善加辨別，並且認清你「內在高我」（higher self）的聲音，或是上帝透過字詞、影像和知覺向你說話的聲音。

「在探索之路中，知識分子輕鬆不費力。有種東西叫做『直覺』，或隨便你怎麼稱呼都好，它就這樣躍入意識裡，然後解決辦法就出現了，而你不清楚這是怎麼形成或是為什麼。」

——阿爾伯特·愛因斯坦，物理學家暨諾貝爾獎得主

起雞皮疙瘩，是發現直覺的方法之一

我與馬克·維克多·漢森快要完成我們的第一本《心靈雞湯》時，我們依然不知道書名該叫做什麼。馬克與我都靜坐冥想，決定「探究內心」。在某個星期，我們每天都探問內在

指引，想要一個暢銷書名。每晚就寢前，馬克會重覆「超級暢銷書名」這句話，隔天早上醒來，立刻靜坐冥想。而我只是要求上帝，給我這本書的最佳書名，然後我會閉上眼睛靜坐，進入放鬆又期待的狀態，耐心靜候答案出現。

第三天早上，我腦海突然浮現一隻手，看到它在黑板寫下「心靈雞湯」四個字。我當下的反應是：心靈雞湯與我們的書有什麼關係？

我聽到腦袋裡有一個聲音回應：「童年時期，在你生病的時候，你的祖母總是給你喝一碗雞湯。」

我在想：「但是這本書不是在談生病的人。」

我的內在聲音回答：「人的精神生病了。數百萬人鬱悶消沉，活在恐懼裡，自暴自棄，認為事情絕不會變好。這本書將會鼓舞他們，提振他們的精神。」

在接下來的冥想時刻裡，書名不斷演變，從「精神雞湯」、「心靈雞湯」一直到「心靈雞湯：敞開心胸並重新振作精神的一百零一則故事」。當時我第一次聽到「心靈雞湯」，全身起雞皮疙瘩。從那時起，我就學會：**起雞皮疙瘩**，**正是發現直覺的其中一種方法**，這會告訴我目前處於正軌。

十分鐘後，我向妻子提起這件事，而她也起雞皮疙瘩。然後我跟馬克說了，他也起雞皮疙瘩。我們找到正確想法了，而我們全都很清楚這件事。

過去二十多年來，「心靈雞湯」已經成為一種品牌，因此造就了超過二十億的書籍銷售量，並且授權給許多產品，包括寵物食品和賀卡。

直覺跟你溝通的多種方式

你的直覺能用許多方式與你溝通。在你冥想或做夢之時，你可能會從內心獲得願景或視覺影像般的訊息。通常在我醒來不久之後，我躺在床上，就能得到影像畫面，或是在我冥想或收到某項訊息、坐在熱水浴缸裡或淋浴的時候，那可能是出乎意料之外的靈光一閃，或可能是像電影那樣長篇展開的畫面。

你的直覺跟你說話時，可能是以預感、念頭或聲音等方式，實際告訴你「是」、「不是」、「努力爭取吧」或「時機未到」。它出現的樣子可能是一個響亮的字眼、一個短句或一篇完整演說。你可能發現自己能與這個聲音對話，以便澄清或取得更多資訊。

你也可以透過身體感官，接收來自直覺的訊息。如果這項訊息是「留神注意」或「小心謹慎」其中之一，你體驗到的直覺可能是一陣寒意、毛骨悚然、煩躁不安的感覺、腸胃不適、胸口悶痛、頭部緊繃或疼痛，甚至嘴巴裡有種酸味。正面或肯定的訊息出現時，其形式可能是雞皮疙瘩、頭暈目眩、溫暖、敞開胸懷或心胸寬闊的感覺、輕鬆感、解脫感，或放下緊張感。

你也可以透過情緒，體驗直覺性的訊息，譬如侷促不安、憂慮、困惑等感覺。或者，如果資訊具有正面本質，你可能體驗到一種愉悅感、歡欣狂喜或深沉的內在平靜。

有時候它僅是一種明瞭的感覺。有多少次，你曾聽過人家說「我不清楚自己怎會知道，但我就是知道」、「我打從心底知道」或「答案就像在我的靈魂深處」？

某項指標可看出訊息是否真正來自你的直覺，也就是對於答案或衝動，它通常會伴隨一種更大的清晰感，有一種「正確」的感覺。另一項指標可看出你正在接收的訊息是否無誤，也就是它會伴隨熱情和激動的感受。**如果你正在考量某個行動計畫或決定，但你卻持續覺得舒展不開、疲憊不堪、無聊厭煩或軟弱無力，這就是很清楚的訊息，說著「千萬別去」。另一方面，如果你覺得開朗、精力充沛、熱情滿滿，你的直覺就是在告訴你「往前走」。**

直覺可能隨時出現

透過我們日常進行的多種非正式冥想，最寶貴的直覺智慧也可能出現，例如：坐在瀑布旁邊、看海、遠望白雲或星空、坐在樹下、凝視火焰、傾聽鼓舞人心的音樂、慢跑、做瑜伽、進行祈禱、聽鳥兒唱歌、沐浴、在高速公路開車、看著孩子玩耍、寫下個人日記。

「直覺並不神祕。」

——詹姆斯・沃森（James Watson），諾貝爾獎得主暨DNA共同發現者

在忙碌的一天之中，你甚至也能以簡略的做法進行非正式冥想。每當你需要協助制訂決策，請花時間停頓一下，深呼吸、深思問題，並且容許直覺式的印象來找你。請注意你體驗到的任何影像、字詞、身體感知或情緒。有時候你會發現，直覺性的洞察力立即進入你的意識裡。其他時候，它們可能出現在你最沒預料之時，或在那一天的稍後時刻出現。

「迅速凝聚」技巧，讓心腦同步協調

我學過許多技巧，並且在我目前的研討會和訓練課程裡傳授這些技巧，其中一項最簡單強效的就是「迅速凝聚技巧」（Quick Coherence® Technique），開發者是加州漂

礫溪（Boulder Creek）的「心能商數學會」（Institute of HeartMath）。這是我發現到的最快技巧，讓人自己集中心神，進入放鬆狀態，藉此接近更高的意識次元，因此不管可能面臨什麼問題和挑戰，都能做出更好的決定，想出更有效的解決辦法。

學者使用「凝聚」（coherence）一詞，描述一種高度有效率的心理生理學狀態；在這種狀態裡，你的神經系統、心血管、荷爾蒙、免疫系統全都一起有效和諧運作。心能商數學會的杜克．齊德瑞（Doc Childre）和戴波拉．羅斯曼（Deborah Rozman）解釋如下：

研究結果發現：你的心律模式反映出你情緒和神經系統動力學的狀態。比如說，每當你覺得緊張、急躁、不耐煩、沮喪或焦慮，你的心律轉換成失調紊亂的模式，如圖表3-5所示。在這種狀態下，難怪你無法讓腦袋冷靜。

你的心會向腦部發出「紊亂」信號，抑制你更高階的腦袋

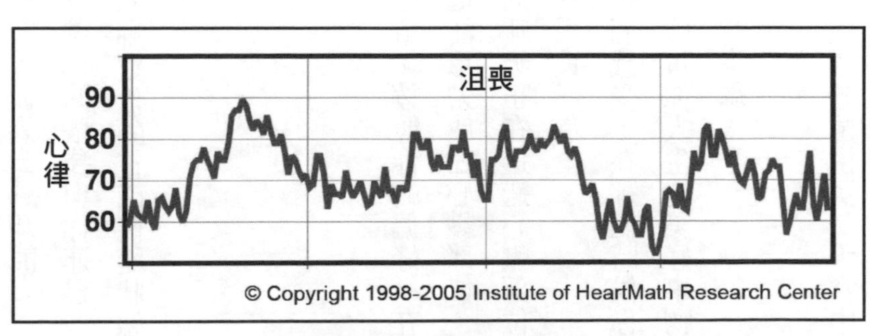

圖表 3-5　沮喪心律圖

功能，並且引發壓力反應。舊有的情緒問題歷歷在目，開始浮上檯面，你失去感知能力。

你可以運用「迅速凝聚技巧」，促使你的心律連貫一致，並且讓你的腦袋與你連貫一致的心律同步協調。一開始請先學會如何透過三項簡單步驟，轉換成心神聚焦的正面情緒狀態。

心神聚焦的三步驟

1. **心聚焦：**把你的注意力聚焦於心臟部位，也就是胸口中間位置。按照你的偏好，在起初幾次嘗試之時，你可以把你的手放在胸口中央，幫助你把注意力放在心臟部位。
2. **心呼吸：**隨著你聚焦於心臟部位，請正常深呼吸，想像你的呼吸正在透過心臟部位呼進與呼出。繼續舒適呼吸，直到你發現自然內在節律讓你感覺良好為止。
3. **心感覺：**隨著你透過心臟部位持續進行呼吸，請回想一個正面感受，在那個時候你內心感覺美好，然後試圖重新體驗那種感覺。這個感覺可能是欣賞你人生的美好事物，或是你因家人、好友或寵物而感受到愛與關懷。這是最重要的步驟。

接下來的步驟，是要採行這項技巧，並且讓它成為習慣。我們建議各位挑選一天當中的某些時段來做這件事，像是每天的開始、要吃午餐之前、正好要就寢時等等，在這些時刻，你能給自己三到五分鐘時間，沒有負罪感，可以聚焦本心。如果你發現自己居然要排隊等候，與其覺得惱火，倒不如利用這段時間練習這項技巧。你會訝異排隊體驗居然可以如此不同，與其榨乾能量注重負面事情，你可運用這段時刻重新聚焦充電。你練習得越多，你內心的凝聚性就會越快浮現，也越容易維持下去（見圖表3-6）。

一旦你開始運用這項強效聚焦工具，你可能想親身看看這如何影響你的生理機能。為了幫助你這樣做，心能商數學會已經開發出「情緒波技術」（emWave technology），可利用燈光、聲音和視覺影像，實際追蹤你的凝聚等級，幫助你增進更長時間的凝聚性。還有一個簡易使用的攜帶型裝置和智慧型手機APP程式可供使用*。運用這項技術，能夠迅速引導你進

* 可從www.HeartMath.org或Amazon.com網站至「心能商數商店」（HeartMath store）購買此商品。

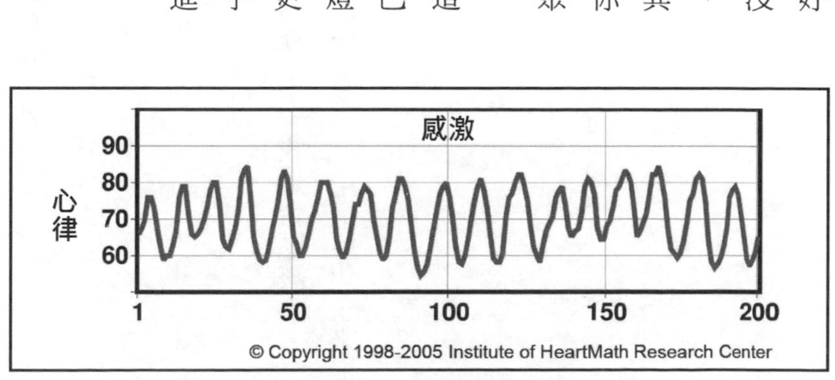

圖表3-6　感激心律圖

入高度凝聚時段，這是一種許多冥想人士要花數年時間方可達到的境界。

提出問題

針對你必須知道的任何事，你的直覺能夠提供答案。開頭請用「我是否應該……」、「我對這個應該做什麼」、「我如何能夠……」、「我能夠去做什麼」，用這些句子來提出問題。你可以向直覺提出的問題例如：

- 我是否應該接下這份工作？
- 公司士氣消沉，我應該怎麼做？
- 要增進銷量，我能做什麼？
- 我應該與這個人結婚嗎？
- 要加快我的馬拉松時間，我能做什麼？
- 我要如何達到理想體重？
- 接下來我該怎麼做？

搖擺測試

要向直覺清楚探問「是」或「否」的答案，某項非常強效的方式即是「問你自己的身體」。我在第六條準則中探討身體的決策制定機制「搖擺測試」，但它也是運用直覺的有效技巧。

在能量心理學領域，穩定度測驗的基礎理論是你的身心具備龐大的智力，不僅是你一生的知識、反應、情感和目標（無論你記不記得），還包括了解哪些與你最契合的先天知識，就像植物有向光性，人體也會偏好對自己最有利的選擇。當你問身體哪種選擇最適合自己時，它會向後或向前傾斜作為回答。

馬上寫下你的靈光乍現

確保立即寫下你接收到的任何印象。**直覺印象通常隱晦不明，也因此非常快速「蒸發」，所以請務必盡快用文字捕捉直覺印象**。近來的神經科學研究指出：如果沒有在三十七秒之內補捉某個直覺性的洞見或任何新點子，很有可能再也無法回想起來。七分鐘後，它就會永遠消失。正如我的好友馬克・維克多・漢森喜歡說的話：「只要你想到它，就把它記下來！」確保你總是隨身攜帶手機或記事本，這樣就能記錄你有的任何直覺洞見或點子。

讓直覺運作得更好

多加注意你接收到的答案，並且盡快針對那項資訊採取行動。在你針對已接收的那項資訊採取行動時，你將發現自己出現越來越多的直覺衝動。過不久後，你將活在這道心流裡。智慧浮出檯面，而你就是對此採取行動，一切全都看似輕鬆不費力。隨著你學會更加信賴自己和你的直覺，一切變得自然而然。

許多專家認定：在你信賴直覺時，你的直覺會運作得更好。你對直覺展現越多忠誠，就越能看見直覺對你人生的成效。

我強烈鼓勵各位，傾聽你的直覺、信賴它、遵從它。信賴你的直覺，僅是另一種形式的自我信賴，而你越信賴自己，你就會獲得更多成功。

切記，**事情不在於你想到什麼，重要的是在於你寫下什麼，並且對此採取行動。**

創造不可思議的人生

瑪德琳・貝麗塔（Madeline Balletta）是非常注重靈性的人。對她來說，「探究內心」意味著「向上帝說話」，並且傾聽上帝的回答。

當時瑪德琳疲憊不堪，她與同一個教會的成員祈禱尋求解決辦法。她聽到「新鮮蜂王乳」這些字，她的人生及其成功路徑產生戲劇性的變化。她不懂這項清楚指示的意義，於是她進行調查，發現蜂王乳是一種食物成分，由工蜂用來餵養蜂巢裡的女王蜂。這是一種有益健康又高度滋補的液體，當時正在英國開始經銷推廣，成為一種營養補充品。

瑪德琳服用蜂王乳一段時間後，她的狀況開始轉好。過了不久，她開始祈求答案：蜂王乳除了對她有益之外，還能拿蜂王乳做什麼事？

她的祈禱出現「創立公司」這個回應。然後瑪德琳照做了。

現在，「蜂生活」公司（Bee-Alive）是一家收益高達數百萬美元的公司，經銷蜂王乳成分的營養品給全國無數廣大群眾。透過這一切，瑪德琳虔誠祈求指引，並且用心傾聽答案。

瑪德琳說：「我相信上帝給了我這個願景、靈感、實力、勇氣，看穿這一切。」

舉個例子，在經營事業邁入第二年時，瑪德琳的行銷努力幾乎無法產生效果。事實上，她的支票帳戶當時僅剩四百五十美元，她的會計師建議她歇業，要她接受現實。瑪德琳從那個會議回來後，把自己關在房間裡，然後「哭泣又祈禱，再度哭泣又祈禱」。在第三天，瑪德琳接收到「廣播節目」這個字詞，然後決定孤注一擲，把她僅剩的四百五十美元用來購買十則廣播節目廣告，每則廣告費用四十五美元。幾天內，她的銷量再度穩定了。看到她熱情投入自己的產品，廣播電台印象深刻，終於在某次脫口秀節目裡採訪她。訪談結束後，她才剛回到家，知名唱片藝人帕特．布恩（Pat Boone）就打電話來，問她有關蜂王乳的事，以及蜂王乳可能帶給他的女兒黛比哪些助益。幾個月後，布恩回電給她，說他非常滿意蜂王乳的效用。當時他說：「若有任何事情可由我為你效勞，我很樂意幫忙。」瑪德琳請他錄製三則廣播節目廣告，布恩答應了。「蜂生活」公司很快就出現在全美四百家廣播電台節目裡，產品銷量價值高達數百萬美元。

每當你往內心探究，可能會發生何事？對瑪德琳．貝麗塔來說，祈禱、安靜傾聽、針對聽到的事採取行動，意味著發展出一家成功的公司，為無數大眾提供服務，讓顧客感到滿意，同時也為她和家人創造了不可思議的生活方式。

保持正念心態

成功人士除了定期探詢自我和了解直覺，也會保持正念的心態。他們知道正念很重要，絕對不可忽視。

正念覺察導師達瓦・塔欽・菲利普斯（Dawa Tarchin Phillips）將正念定義為「時時刻刻貫注在當下的體驗」，意思是「以特定方式，將注意力客觀地鎖定在當下」。

運用本書準則將意念專注在未來時，你也必須堅守著現在，務必採取行動及維持成長型思維。培養正念技巧能協助你專注在能帶領你達成目標的事物。

翻轉學系列 099

成功準則 第二冊

暢銷超過 10 年，遍布 108 國、40 種語言，改變數億人的經典之作

The Success Principles : How to Get from Where You Are to Where You Want to Be

作　　　者　傑克．坎菲爾（Jack Canfield）、珍奈特．斯威策（Janet Switzer）
譯　　　者　葉婉智、閻蕙群、易敬能
封 面 設 計　FE 工作室
內 文 排 版　黃雅芬
行 銷 企 劃　陳豫萱．陳可錞
出版二部總編輯　林俊安

出　版　者　采實文化事業股份有限公司
業 務 發 行　張世明．林踏欣．林坤蓉．王貞玉
國 際 版 權　鄒欣穎．施維真
印 務 採 購　曾玉霞．謝素琴
會 計 行 政　李韶婉．許俽瑀．張婕莛
法 律 顧 問　第一國際法律事務所　余淑杏律師
電 子 信 箱　acme@acmebook.com.tw
采 實 官 網　www.acmebook.com.tw
采 實 臉 書　www.facebook.com/acmebook01

I S B N　978-626-349-074-1(第二冊)
全 套 定 價　990 元
初 版 一 刷　2022 年 12 月
劃 撥 帳 號　50148859
劃 撥 戶 名　采實文化事業股份有限公司
104 台北市中山區南京東路二段 95 號 9 樓
電話：(02)2511-9798　傳真：(02)2571-3298

國家圖書館出版品預行編目資料

成功準則：暢銷超過 10 年，遍布 108 國、40 種語言，改變數億人的經典之作 / 傑克 . 坎菲爾 (Jack Canfield), 珍奈特 . 斯威策 (Janet Switzer) 著 ; 葉婉智 , 閻蕙群 , 易敬能譯 . -- 初版 . -- 台北市 : 采實文化 , 2022.12

272 面 ; 14.8×21 公分 . --（翻轉學系列 ; 99）

譯自：The success principles : how to get from where you are to where you want to be

ISBN 978-626-349-074-1（第 2 冊 : 平裝）

1.CST: 成功法

177.2　　111015930